Wolfgang Froese
Alexandra Köhler
Irena Reinhardt

SEKUNDARSTUFE I+II

„Das bin ich" – das DaZ/DaF-Arbeitsheft für Deutschlerner (A1)

weiterführende Schule

Mit Aufgaben zum Gestalten, Schreiben und Sprechen

Cornelsen

Projektleitung und Redaktion: Irena Reinhardt, Berlin

Übersetzung: Anja Faulenbach und Irena Reinhardt, Berlin

Übersetzungen Wortschatz: Elen Faddoul (Arabisch), Golrang Khadivi (Farsi), Davut Yeşilmen (Kurdisch), Miomira Velinov-Kovanović (Serbisch), Maria Tabacaru (Rumänisch)

Umschlagkonzept und Umschlaggestaltung: Corinna Babylon, Berlin

Illustrationen: Liliane Oser, Hamburg

Layout und technische Umsetzung: zweiband.media, Berlin

www.cornelsen.de

1. Auflage, 3. Druck 2024

Druck: Esser printSolutions GmbH, Bretten

ISBN 978-3-589-16189-8

PEFC-zertifiziert
Dieses Produkt stammt aus nachhaltig bewirtschafteten Wäldern und kontrollierten Quellen
www.pefc.de
PEFC/04-31-2851

Inhaltsverzeichnis

Einführung

Das DaZ/DaF-Arbeitsheft für Deutschlerner (A1) in der weiterführenden Schule[1]

Es ist ein inzwischen hinreichend erprobter, zudem erfolgreicher Weg, Schüler[2] im Unterricht mit Aufgaben zu konfrontieren, die es in ihrer Offenheit und ihrem Anspruchsniveau jedem ermöglichen, Erfolgserlebnisse und Lernfortschritte zu erreichen.

Dieses Heft unterstützt die Lehrkräfte bei der Differenzierung und Individualisierung im Unterricht mit DaZ-/DaF-Schülern auf A1 Niveau und kann sowohl in der Willkommensklasse als auch individuell im Regelunterricht eingesetzt werden. Auch für den Förderunterricht sind die Aufgaben geeignet. Durch die kompetenzorientierten und offenen Aufgabenstellungen können die Deutschkenntnisse aller Schüler individuell gefördert werden. Bei der Bearbeitung bringen sie eigene Interessen und Vorlieben zum Ausdruck.

Hinweise zur Verwendung der Kopiervorlagen

Die Themen der Aufgaben sind angelehnt an die Lebenswelt der Schüler und helfen ihnen, wichtige erste Kommunikationssituationen zu meistern und Aussagen über sich selbst zu treffen. Zu Beginn jedes Themas gibt es einleitend einen Überblick über die zu erreichenden Kompetenzen und methodische Hinweise für die Umsetzung im Unterricht. Für jedes Thema stehen abwechslungsreiche Kopiervorlagen mit Aufgaben zur Verfügung, die nicht der Reihe nach abgearbeitet werden müssen.

Die Aufgaben in diesem Heft sind so gestaltet, dass sie von allen Schülern bearbeitet werden können. Leistungsstärkere Schüler haben die Möglichkeit, sich intensiver mit den Aufgaben zu beschäftigen, indem sie beispielsweise ganze Sätze schreiben oder eigene Ideen einbringen. Bei jeder Thematik in diesem Heft werden verschiedene Kompetenzen gefördert: Hör- und Hör-Sehverstehen, Lesen, Sprechen und Schreiben. Zudem werden immer auch kreative und gestalterische Aufgabenformate angeboten. Die Kopiervorlagen werden entweder von der Lehrkraft ausgewählt oder den Schülern als Wahl- und Pflichtaufgaben zur Verfügung gestellt.

Arbeitsverfahren

Bei der Bewältigung der Aufgaben arbeiten die Schüler zunächst individuell und tauschen sich hinterher über die Ergebnisse aus (Ich-Du-Wir-Prinzip).

Sprache und Wortschatz

Alle Arbeitsaufträge und Aufgabenstellungen sind in einem leichten Deutsch verfasst. Um das Verständnis zu erleichtern und eine möglichst selbstständige Bearbeitung der Kopiervorlagen zu ermöglichen, gibt es entlastende Hilfsmittel.

Zum einen finden Sie auf zwei Seiten wichtigen Wortschatz, der in den Arbeitsaufträgen immer wieder vorkommt, in sechs Sprachen übersetzt: Englisch, Arabisch, Farsi, Kurdisch, Serbisch und Rumänisch. Diese Kopiervorlagen können Schülern, die über Kenntnisse in einer dieser Sprachen verfügen, einmal zu Beginn zum Abheften ausgeteilt werden und unterstützen sie bei der Bearbeitung des gesamten Heftes.

Außerdem sind am Ende der einführenden Lehrerhinweise zu jedem Kapitel der jeweils nötige inhaltliche Wortschatz sowie die sprachlichen Strukturen für das Thema aufgelistet. Diese können ebenfalls (ggf. vergrößert) kopiert und den Schülern vor der Bearbeitung ausgeteilt werden. So haben sie die Möglichkeit, unbekannten Wortschatz im Voraus zu erarbeiten, beispielsweise als Hausaufgabe.

Darüber hinaus sollten den Schülern bei der Bearbeitung Möglichkeiten zum Nachschauen unbekannter Wörter zur Verfügung gestellt werden.

Überprüfung des Lernerfolges

Bei geschlossenen Aufgaben mit eindeutigen Lösungen empfiehlt sich die Selbstkontrolle durch die Schüler. Das Grundprinzip hierbei ist, dass sie ihre Arbeitsergebnisse mit einem Partner vergleichen. Bei offeneren Aufgaben mit individuellen Lösungsmöglichkeiten bieten sich neben einer Auswertung im Plenum durch Gespräche oder Präsentationen auch kooperative Arbeitsverfahren an, bei denen die Schüler ihre Ergebnisse im Rahmen von Partner- oder Gruppenarbeiten präsentieren. Zur weiteren Dokumentation der Lernerfolge gibt es am Ende des Heftes einen kompetenzorientierten Selbsteinschätzungsbogen für Schüler sowie einen Evaluationsbogen für Lehrkräfte.

---

1 Die Inhalte dieses Heftes wurden aus dem Titel *Gute Aufgaben für den Wochenplan Englisch 1–4 ‚All about me‘* (ISBN: 978-3-589-16390-8) mit freundlicher Genehmigung der Autoren Wolfgang Froese und Alexandra Köhler übernommen, übersetzt und angepasst.

2 Aus Gründen der besseren Lesbarkeit werden teilweise nur die männlichen Formen der Ansprache verwendet. Natürlich sind stets alle Geschlechter gemeint.

Wortschatz

Deutsch	*Englisch* *English*	*Arabisch* عربي	*Farsi* فارسی	*Kurdisch* *kurdî*	*Rumänisch* *Română*	*Serbisch* *Srpski*
(an)malen	(to) colour	يلوّن	نقاشی کردن	boyax kirin	A colora	obojiti
(auf)kleben	(to) stick	يلصق	چسباندن	zeliqandin	A lipi	zalepiti
(auf)schreiben	(to) write (down)	يسجّل	نوشتن ، یادداشت کردن	nivîsîn	A scrie	napisati
(aus)schneiden	(to) cut (out)	يقص	بریدن ، چیدن	qûtkirin	A decupa	izrezati
allein	alone	وحده/ وحدك	تنها	bi tenê	Singur	sam, sama
ankreuzen	(to) tick	يضع إشارة	ضربدر زدن	nîşankirin	A bifa	zaokružiti
arbeiten	(to) work	يعمل	کار کردن	xebitîn	A lucra	raditi
ausdenken	(to) think of	يبتكر	فکر کردن ، ابداع کردن	fikirîn	A inventa, A concepe	izmisliti
Aussage	statement	عبارة	بیان کردن ، اظهار کردن	şîrove	Afirmație, Declarație	izjava
aussuchen	(to) select	يختار	جستجو کردن	hilbijartin	A alege, A selecta	izabrati
befragen	(to) question sb.	يستعلم / يسأل	پرسیدن ، سؤال کردن	pirskirin	A intreba	pitati
Begriff	term	مصطلح	واژه ، عبارت	têgeh	Noțiune, Termen	pojam
benutzen	(to) use	يستعمل	بکار بردن ، استفاده کردن	bikaranîn	A folosi	uoptrebiti
beschreiben	(to) describe	يَصِف	توصیف کردن	pênasekirin	A descrie	opisati
beschriften	(to) label	يُسَمّي/ يوضّح بعنوان	علامت گذاری کردن ، برچسب زدن	etîket kirin	A eticheta	označiti
Bild	picture	صورة/ لوحة مرسومة	عکس ، تصویر	wêne	Imagine, Poză	slika
Collage	collage	صورة مجمّعة	کلاژ	kolaj	Colaj	kolaž
Dialog	dialogue	حوار	گفتگو	diyalog	Dialog	dijalog
Ding	thing	شيء	شیء ، چیز	tişt	Lucru, Obiect	stvar
eintragen	(to) enter	يُدْخِل	ثبت کردن	têketin	A introduce	upisati
ergänzen	(to) complete	يكمِل	تکمیل کردن	qedandin	A completa	dopuniti
Ergebnis	result	نتيجة	نتیجه ، حاصل ، دستاورد	encam	Rezultat	rezultat
erraten	(to) guess	يخمّن/ يحزر	حدس زدن ، پی بردن	texmîn kirin	A ghici	pogoditi
erstellen	(to) create	يخلق/ يبني	تولید کردن ، ساختن	afirandin	A crea	stvoriti
erzählen	(to) tell	يحدّث	شرح دادن ، نقل کردن	vegotin	A povesti	izpričati
falten	(to) fold	يطوي	تا کردن	qatkirin	A Impături, A plia	presaviti
finden	(to) find	يجد	یافتن ، پیدا کردن	dîtin	A găsi	naći
Foto	photo	صورة	عکس ، تصویر	fotograf/wêne	Fotografie	fotografija
fragen	(to) ask	يسأل	پرسیدن ، سؤال کردن	pirskirin	A intreba	pitati
gegenseitig	each other	متبادل	دوجانبه ، متقابل ، دوطرفه	li gel hev	Reciproc, Mutual	uzajamno
Grundriss	floor plan	مخطط/ رسم بياني	نقشه ساختمان	nexşeya xanî	Plan, Schiță	nacrt objekta

Wortschatz

Deutsch	Englisch English	Arabisch عربي	Farsi فارسی	Kurdisch kurdî	Rumänisch Română	Serbisch Srpski
Gruppe	group	مجموعة	گروه	kom	Grup	grupa
herumgehen	(to) walk around	يدور حول	دور چیزی گشتن	li derdorê meşîn	A merge imprejur	ići unaokolo
Interview	interview	مقابلة	مصاحبه	hevpeyvîn	Interviu	intervju
Klassenkameraden	classmates	زملاء الصف	همکلاسی ها	hevala/ê polê	Colegi de clasă	učesnik u kursu
Kurzvortrag	short presentation	عرض موجز	سخنرانی کوتاه	pêşkêşiya kurt	Prezentare scurtă	kratka prezentacija
lesen	(to) read	يقرأ	خواندن ، مطالعه کردن	xwendin	A citi	čitati
Lücke	gap	ثغرة/ فراغ	جای خالی	valahî	Spațiu gol	prazno mesto
Notizen machen	(to) take notes	يضع ملاحظات	یادداشت برداشتن	not girtin	A nota, a lua notițe	zabeležiti
Partner, Partnerin	partner	شريك/ شريكة	شریک	hevalkar/şirîk	Partener	partner
Poster	poster	لوحة كبيرة	پوستر	poster	Poster	poster
präsentieren	(to) present	يعرض/ يقدّم	نمایش دادن ، ارائه دادن	pêşkêşkirin	A prezenta	predstaviti
Rangfolge	order of priority	تسلسل حسب الأولوية	سلسله مراتب	rêzkirin	Clasament, Ordinea priorităților	ranking
Reihenfolge	order	تسلسل	ترتیب ، ردیف	sparîş	Ordine	redosled
Rollenspiel	role play	لعبة تقمص الأدوار	هنرپیشگی، بازیگري، نقش بازي کردن	rol lîstin/rol girtin	Joc de roluri	igranje uloga
Satz	sentence	جملة	جمله	hevok	Propoziție	rečenica
spielen	(to) play	يلعب	بازی کردن ، نقش بازی کردن ، موسیقی اجرا کردن	lîstin	A se juca	igrati se
sprechen	(to) talk	يتكلم	حرف زدن ، صحبت کردن	axivîn	A vorbi	govoriti
Tabelle	chart	جدول	نمودار	lewhe	Tabel	tabela
tauschen	(to) swap	يبادل	معاوضه کردن ، مبادله کردن	guherandin	A schimba	razmeniti
üben	(to) practice	يتدرب	تمرین کردن	pratîkkirin	A exersa	vežbati
verbinden	(to) connect	يوصل/ يربط	متصل کردن ، وصل کردن	têkilî danîn	A conecta	povezati
vergleichen	(to) compare	يقارن	مقایسه کردن	berawirdkirin/ muqayesekirin	A compara	uporediti
Wort	word	كلمة	کلمه	peyv	Cuvânt	reč
zeichnen	(to) draw	يرسم	نقاشی کردن ، رسم کردن	xêzkirin	A desena	crtati
Zeitschrift	magazine	مجلة	مجله ، نشریه	kovar	Revistă	časopis
zusammen	together	معاً	با هم ، با همدیگر ، با یکدیگر	bi hev re	Impreună	zajedno

1 Das bin ich

Sachinformation

Die Thematik *Das bin ich* bietet zahlreiche Gelegenheiten, etwas über sich selbst zu erzählen und sich vor anderen zu präsentieren. Die Schüler haben dadurch die Möglichkeit, auch ihre Mitschüler besser kennenzulernen und Nachfragen zu stellen. Bei diesem Thema stellen sich die Schüler aus ihrer Sichtweise dar, können sich anderen vorstellen, etwas über ihren Geschmack und ihre Hobbys erzählen, einen kurzen Dialog zur Begrüßung sprechen, jemanden nach seinem Befinden fragen und ihre Klassenkameraden zu ihren Hobbys befragen.

Welche Kompetenzen werden weiterentwickelt?

Nach dem Prinzip „Ich – Du – Wir" entwickeln und erweitern die Schüler folgende Kompetenzen:

Hör- und Hör-Sehverstehen
Die Schüler
- verstehen Einzelinformationen in einem Gespräch (Was ich mag/Was ich nicht mag),
- verstehen das Wesentliche aus einfachen Gesprächen.

Lesen
Die Schüler
- lesen und verstehen einfache wiederkehrende Arbeitsanweisungen,
- lesen und verstehen einfache Sätze *(Kreuze an, was du magst)*,
- erfassen mithilfe von Bildern die Bedeutung deutscher Begriffe.

Sprechen
Die Schüler
- stellen ihren Mitschülern einfache vorgegebene Fragen in einer Umfrage.

Schreiben
Die Schüler
- beschreiben mithilfe von vorgegebenen Wörtern, was sie mögen und was sie nicht mögen,
- notieren die Antworten ihrer Mitschüler aus einer Umfrage.

Benötigtes Material

- Schere
- evtl. eigenes Foto
- Stifte, Edding
- Kleber

Methodische Hinweise

Die Kopiervorlagen können entweder von der Lehrkraft ausgewählt oder den Schülern als Wahl- oder Pflichtaufgaben zur Verfügung gestellt werden.

Das bin ich (KV 1)
Die Schüler ergänzen Sätze mit Informationen zu ihrer Person. Dazu kleben sie Fotos auf oder zeichnen ein Bild von sich.

Was ich mag/Was ich nicht mag (KV 2 und 3)
Hier können die Schüler ihre Vorlieben ausdrücken und Dinge benennen, die sie nicht so gern mögen. Zu Anfang kreuzen sie lediglich einige vorgegebene Nomen an, um den Wortschatz zu aktivieren. Im Anschluss können sie in einer offenen Aufgabe beliebig Dinge malen und überlegen, ob sie einige deutsche Begriffe dazu wissen. Hierzu können sie ihre Mitschüler befragen oder eventuell am Computer Vokabular nachschauen und es einfügen.

Ich heiße ... (KV 4)
Bei dieser Aufgabe überlegen die Schüler zunächst allein, in welche Reihenfolge sie die Abschnitte des Dialogs legen könnten. Dabei können sie Sätze weglassen (z. B. *Mir geht es nicht gut*) oder eigene hinzufügen. Danach vergleichen sie ihren Dialog mit dem eines Partners und können noch gemeinsam Veränderungen vornehmen. Beim Sprechen mit ihrem Partner haben die Schüler die Möglichkeit, Gestik und Mimik einzusetzen.

Meine Hobbys (KV 5, 6 und 7)
Die Schüler suchen sich aus der KV 6 ihre Hobbys aus, schneiden die passenden Bilder aus und kleben sie auf die KV 5. Dazu formulieren sie einen Satz. Danach befragen sie ihre Mitschüler zu ihren Hobbys und erstellen eine Hitliste der beliebtesten Freizeitaktivitäten (KV 7).

Methoden

- Partnergespräch
- Dialog
- Umfrage zu den Hobbys der Mitschüler

Sprachliche Mittel: *Das bin ich*

Wortschatz
Name, Jahre, gut, alt, Fußball, Computer, Freunde treffen, Fahrrad, schwimmen, schlafen, ein Buch lesen, Gitarre spielen, Playstation, Handy, Milchshake, Musik hören, fotografieren, Kamera, ins Fitnessstudio gehen, singen, Mikrophon, kochen, backen, shoppen, malen, schreiben, Karten spielen, Klassenkameraden

Strukturen
- Ich heiße …
- Ich bin … Jahre alt.
- Ich wohne in …
- Ich mag … / Ich mag … nicht.
- Wie alt bist du? / Wie heißt du?
- Ich bin …
- Magst du reiten/Fußball spielen / …?

Name: ______________________ Datum: ______________

Das bin ich

1. Schreibe etwas über dich. Ergänze die folgenden Sätze.

Ich heiße ______________________.

Ich bin ____________ Jahre alt.

Ich wohne in ______________________.

2. Zeichne ein Bild von dir oder klebe ein Foto auf.
Du kannst auch Bilder aus Zeitschriften ausschneiden, die dich beschreiben.

Name: Datum:

Was ich mag / Was ich nicht mag (1)

1. Kreuze an, was du magst.
Ich mag

2. Kreuze an, was du nicht magst.
Ich mag nicht

3. Zeichne Sachen, die du magst.

4. Weißt du, wie die Dinge auf Deutsch heißen?
Finde es heraus und schreibe die deutschen Wörter auf.

5. Frage einen Partner, was er mag. Schreibe die Wörter auf.

Name: ______________________ Datum: ______________________

Was ich mag / Was ich nicht mag (2)

1. Suche dir Dinge aus, die du magst, und schreibe sie auf.

Ich mag ______________________

____

____

____

____

2. Suche dir Dinge aus, die du nicht magst, und schreibe sie auf.

Ich mag ______________________

____

____

____

______________________ nicht.

3. Erzähl deinem Partner/deiner Partnerin, was du magst und was du nicht magst.

© shutterstock/zcreamz11

© shutterstock/zcreamz11

© shutterstock/fuzzzle

© shutterstock/zcreamz11

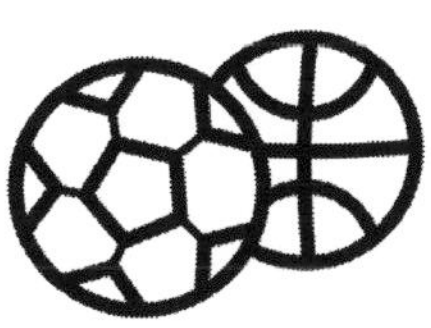

© shutterstock/zcreamz11

© shutterstock/zcreamz11

© shutterstock/zcreamz11

© shutterstock/bioraven

© shutterstock/zcreamz11

Name: ______________________________ Datum: ______________

Ich heiße …

1. Schneide den Dialog aus. Lege ihn in eine passende Reihenfolge. Du brauchst nicht alle Sätze benutzen. Du darfst auch noch weitere Sätze schreiben.

Wie alt bist du?	**Mir geht's nicht gut.**
Wie heißt du?	**Tschüss.**
Ich bin ________ Jahre alt.	**Mir geht's gut.**
Wie geht es dir?	**Ich heiße ______________**
Hallo.	

2. Vergleiche mit einem Partner.

3. Tragt eure Namen und euer Alter ein.

4. Übt den Dialog.

Name: ______________________________ Datum: ______________

Meine Hobbys

1. Suche dir aus der KV 6 Hobbys aus, die zu dir passen. Schneide sie aus und klebe sie hier auf. Du kannst auch weitere Fotos aus Zeitschriften ausschneiden.

2. Schreibe einen Satz:

Meine Hobbys sind ______________________________

____

Name: ______________________ Datum: ______________________

Meine Hobbys: Bilder

Name: _______________ Datum: _______________

Die Hobbys meiner Klassenkameraden

1. Gehe im Klassenraum herum und finde Mitschüler mit diesen Hobbys. Schreibe ihre Namen in die Tabelle.

Liest du gerne?

Ja, ich lese gerne.

Spielst du gerne Fußball?

Nein, ich spiele nicht gerne Fußball.

	Namen der Klassenkameraden
lesen (liest)	
schwimmen (schwimmst)	
Fußball spielen (spielst)	
shoppen (shoppst)	
Fahrrad fahren (fährst)	
Klavier spielen (spielst)	
Gitarre spielen (spielst)	
Playstation spielen (spielst)	
Freunde treffen (triffst)	

2. Arbeitet in einer Gruppe und vergleicht eure Ergebnisse. Bei welchem Hobby stehen die meisten Namen? Erstellt eine Rangfolge der Hobbys.

1. _______________
2. _______________
3. _______________
4. _______________
5. _______________
6. _______________

2 Mein Zuhause

Sachinformation

Das Thema hat einen direkten Bezug zur Lebenswelt der Schüler. Sie können etwas von ihrer Familie und ihrem Zuhause erzählen und die Thematik individuell bearbeiten. Neben Gesprächsanlässen über das eigene Zuhause führen die Übungen dazu, dass die Schüler mehr über die Lebenswelt ihrer Mitschüler erfahren. Die Lehrkraft sollte ggf. je nach Lerngruppe sensibel entscheiden, ob und in welchem Umfang diese Themen für die Schüler geeignet sind.

Welche Kompetenzen werden weiterentwickelt?

Nach dem Prinzip „Ich – Du – Wir" entwickeln und erweitern die Schüler folgende Kompetenzen:

Hör- und Hör-Sehverstehen
Die Schüler
- verstehen Einzelinformationen,
- verstehen das Wesentliche in einfachen Gesprächen mit ihren Mitschülern,
- verstehen Einzelinformationen aus einer Umfrage.

Lesen
Die Schüler
- verstehen einfache wiederkehrende Arbeitsanweisungen,
- erfassen mithilfe von Bildern die Bedeutung deutscher Begriffe,
- verstehen eine kurze Beschreibung zu einem Outfit.

Sprechen
Die Schüler
- stellen ihren Mitschülern einfache vorgegebene Fragen in einer Umfrage,
- präsentieren ihre Familie mithilfe eines Familienstammbaums,
- beschreiben mündlich die Kleidung ihrer Klassenkameraden.

Schreiben
Die Schüler
- erstellen und beschriften einen Familienstammbaum,
- beschriften Bilder mit deutschen Begriffen und kurzen einfachen Sätzen,
- beschreiben ihr Zimmer mithilfe eines Grundrisses.

Benötigtes Material

- Stifte, Edding

Methodische Hinweise

Die Kopiervorlagen können entweder von der Lehrkraft ausgewählt oder den Schülern als Wahl- oder Pflichtaufgaben zur Verfügung gestellt werden.

Meine Familie 1 (KV 8)
Bei dieser Übung dürfen sich die Schüler selbst aussuchen, welche und wie viele Familienmitglieder sie in den Stammbaum eintragen möchten. Wenn ihnen noch mehr Informationen auf Deutsch einfallen (z. B. Haarfarbe, Augenfarbe etc.), dürfen sie diese Informationen ergänzen. Im Anschluss an diese Übung können die Schüler ihre Familie einem Partner oder einer Gruppe vorstellen.

Meine Familie 2 (KV 9)
Hier können sich die Schüler zwei Familienmitglieder aussuchen und sie je nach Vokabelkenntnissen und Leistungsstand näher beschreiben. Danach befragen sie ihre Klassenkameraden zu ihren Familien und tragen die Ergebnisse in die Tabelle ein. Bei der Zusatzaufgabe sollen die Schüler ihre Ergebnisse in ganzen Sätzen formulieren. Leistungsschwächere Schüler versuchen einen Satz aufzuschreiben, während leistungsstärkere mehrere Sätze verfassen können.

Meine Kleidung (KV 10)
Bei der ersten Aufgabe sollen die Schüler zunächst nur ihren Wortschatz wiederholen und festigen, indem sie den Bildern die deutschen Begriffe zuordnen. Erst danach beschreiben sie ihre eigene Kleidung. Dabei bietet es sich an, dass die Schüler je nach Kenntnisstand malen oder auch schon ganze Sätze formulieren und nur eine kleine Skizze anfertigen.

Die Kleidung meiner Mitschüler (KV 11)
Hier können sich die Schüler Klassenkameraden aussuchen, die sie anhand ihrer Kleidung beschreiben möchten. Diese Übung dient als Vorbereitung auf das anschließende Ratespiel, bei dem die Schüler aufgrund der Beschreibung des jeweils Anderen erraten sollen, um welchen Klassenkameraden es sich handelt. Je genauer ein Schüler beschrieben werden kann, desto einfacher ist das Erraten. Dieses Spiel kann auch in einer Gruppe oder mit der ganzen Klasse durchgeführt werden. Bei der dritten Übung sollen die Schüler je nach Können in kurzen Sätzen ein lustiges Outfit oder ihr Lieblingsoutfit (siehe Beispiel) beschreiben. Dies lesen sie ihrem Partner vor, und er soll es aufmalen.

Mein Zuhause (KV 12)
Die Schüler beschriften Fotos mit den vorgegebenen Begriffen und beschreiben sie anschließend ihrem Partner.

Mein Zimmer (KV 13)
Je nach Vorliebe können die Schüler bei dieser Übung eigene Schwerpunkte setzen und beschreiben, was sie an ihrem Zimmer besonders mögen. Hier bietet es sich an, die Schüler je nach Kenntnis- und Leistungsstand malen oder schreiben zu lassen.

Methoden

- Partnergespräch/Gruppenarbeit
- Interviews
- eine Umfrage
- ein Spiel

Sprachliche Mittel: *Mein Zuhause*

Wortschatz
Familie, Familienmitglieder, Stammbaum, Mutter, Vater, Schwester, Bruder, Großvater, Großmutter, ich, Haare, Kleidung, rot, blau, gelb, T-Shirt, Kleid, Socken, Junge, Mädchen, Mitschüler, Spiegel, tragen, Pullover, Jeans, Shorts, Hose, Mütze, Shirt, Rock, Hemd, Mantel, Strumpfhose, Turnschuhe, Outfit, Schlafzimmer, Wohnzimmer, Badezimmer, Küche, Treppe, Flur, Stuhl, Bett, Kleiderschrank, Schreibtisch, Poster, Tisch, Zimmer, Traumzimmer

Strukturen
- Das ist mein/meine …
- Hast du ein/eine …?
- Ich habe ein/eine … / Sie hat ein/eine …
- Meine Mutter heißt …
- Sie/er ist … Jahre alt.
- Er/sie mag am liebsten …
- Er/sie hat ein blaues/einen blauen/eine blaue …
- Es gibt …
- Neben … ist/sind …
- Vor … ist/sind …
- Ich mag an meinem Zimmer …

Name: Datum:

Meine Familie 1

1. Schreibe die Namen deiner Familienmitglieder in den Stammbaum.
Du kannst dir auch Namen ausdenken.

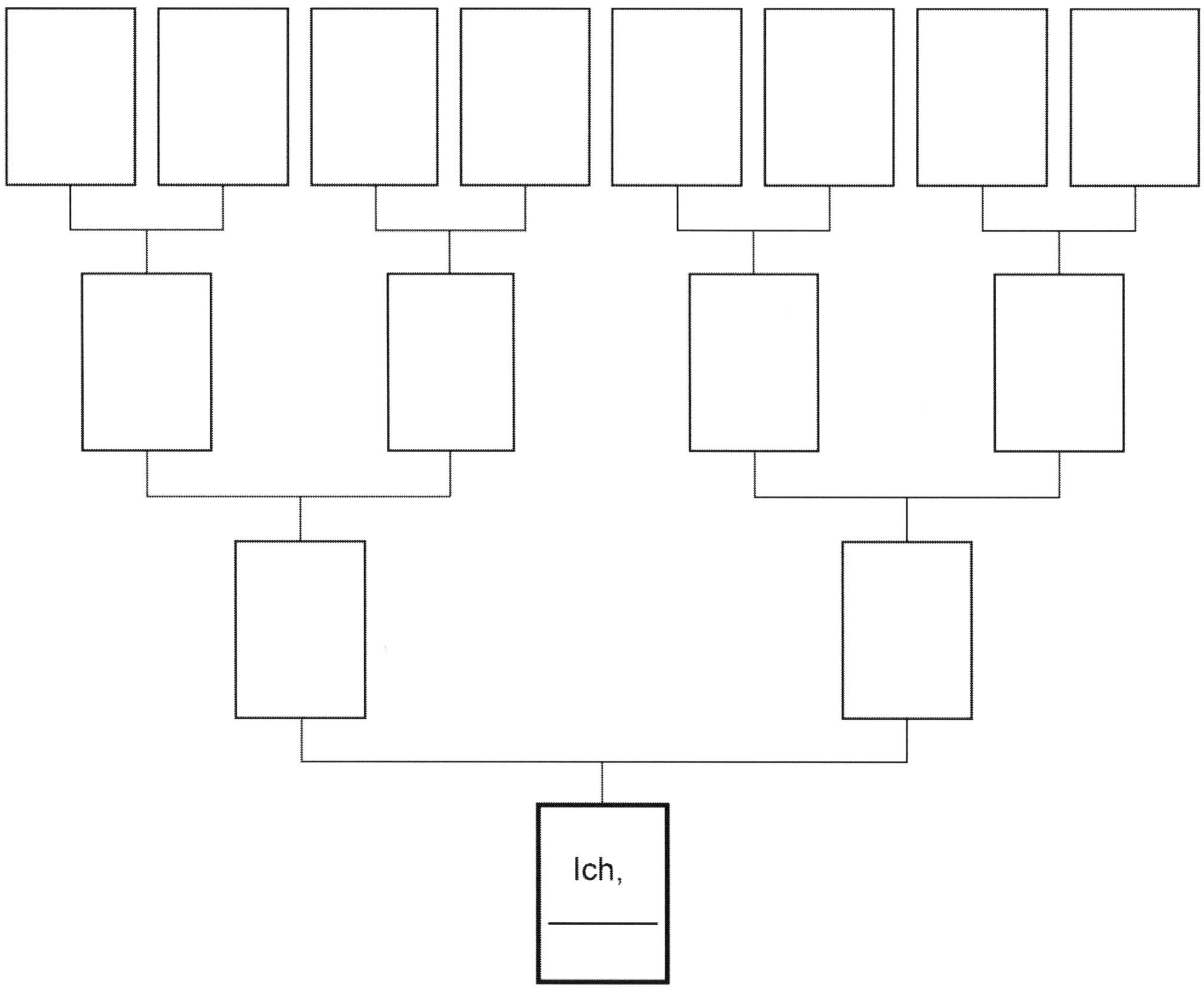

2. Präsentiere deine Bilder einem Partner oder einer Gruppe.

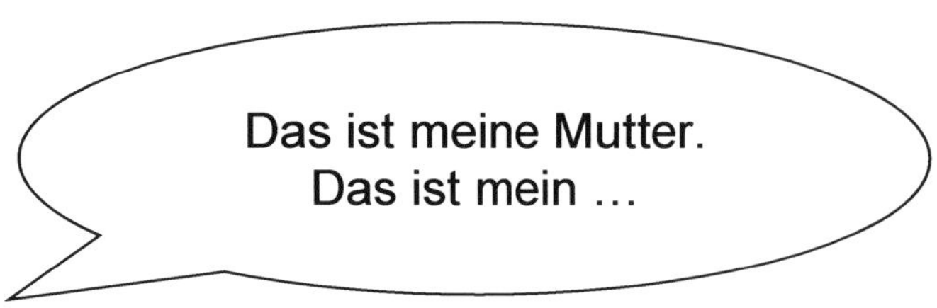

Name: ______________________ Datum: ______________

Meine Familie 2

1. Suche dir zwei Familienmitglieder aus und beschreibe sie näher.

Meine Mutter heißt …
Sie ist … Jahre alt.
Sie mag …
Ihr Haar ist …
Ihre Augen sind …

Mein(e) ______________________ Mein(e) ______________________

2. Frage deine Klassenkameraden nach ihrer Familie. Trage ihre Namen und Antworten in die Tabelle ein:

Name:	Luis				
Hast du eine Schwester?	ja				
Hast du einen Bruder?	nein				
Wie alt ist dein Vater?	41				
Wie heißt deine Mutter?	Kerstin				

3. Vergleiche mit deinem Partner.

* **Zusatzaufgabe:** Suche dir einen oder mehrere Klassenkameraden aus deiner Tabelle aus. Schreibe ganze Sätze auf.
Beispiel: *Emma hat zwei Schwestern und keinen Bruder. Ihr Vater ist …*

Name: Datum:

Meine Kleidung

1. Verbinde die Bilder mit den deutschen Begriffen.

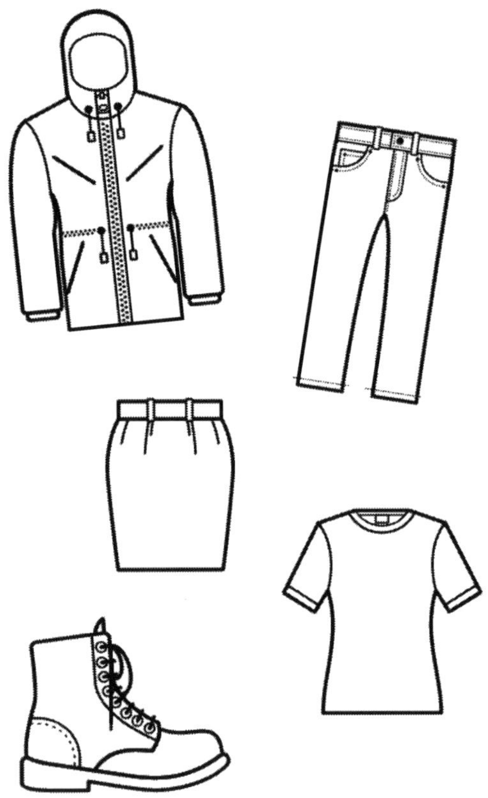

Pullover

Schuh

Stiefel

Rock

Jacke

Hose

Kleid

T-Shirt

Hemd

© Grafiken Kleidung: shutterstock/tele52

2. Welche Kleidung trägst du heute? Zeichne deine Kleidung in den Spiegel und beschrifte sie:

Illustration: Liliane Oser

3. Präsentiere deinem Partner deinen Spiegel.

Name: Datum:

Die Kleidung meiner Mitschüler

1. Schau dir deine Klassenkameraden an. Schreibe auf, was für Kleidung sie tragen.

Hilfe: Hose • Pullover • Rock • T-Shirt • Mütze • Stiefel • Schuhe • Jacke • Hose

Name:	Emre				
Kleidung:	- Stiefel - Hose - Pullover - Mütze				

2. Spiele ein Ratespiel mit deinem Partner oder spielt in einer Gruppe.
Du beschreibst die Kleidung eines Klassenkameraden aus der Tabelle.
Dein Partner errät, wer das sein könnte. Dann tauscht ihr die Rollen.
Beispiel: *Er hat ein rotes T-Shirt an und eine blaue …*

3. Lies den Text unten. Schreibe einen eigenen Text über ein lustiges Outfit oder dein Lieblingsoutfit.

Mein Lieblingsoutfit
Ich trage gerne Turnschuhe und eine blaue Jeans.
Ich mag meinen grauen Pulli und
meine blaue Mütze.

4. Lies deinen Text deinem Partner vor.

Name: Datum:

Mein Zuhause

1. Beschrifte die Bilder mit den richtigen Begriffen.
Frage deinen Nachbarn, wenn dir die deutschen Begriffe nicht einfallen.

Schlafzimmer, Wohnzimmer, Badezimmer, Küche, Treppe, Flur, Stuhl, Bett, Kleiderschrank, Schreibtisch, Poster, Tisch

© shutterstock/Photographee.eu

© shutterstock/Artazum

© shutterstock/Africa Studio

© shutterstock/Diana Rui

© shutterstock/Basileus

2. Beschreibe einem Partner die Bilder.
Beispiel: *Es gibt ein …* *Es gibt …*
Neben dem … ist das … *Vor dem … sind die …*

Name: Datum:

Mein Zimmer

1. Schreibe auf oder male, was du an deinem Zimmer besonders magst.

2. Befrage drei Klassenkameraden, was sie an ihrem Zimmer mögen.
Schreibe die Antworten auf.

Name:			

3. Male einen Grundriss von deinem Traumzimmer:

4. Zeige und beschreibe deinen Grundriss einem Partner.

3 Meine Tiere

Sachinformation

Das Thema *Meine Tiere* bietet zahlreiche Gesprächsanlässe, zu denen die Schüler häufig bereits Vorwissen haben. Es ist besonders für jüngere Schüler geeignet. Sie können von ihrem eigenen Haustier erzählen oder ihr Lieblingstier charakterisieren. Da den Schülern die Thematik aus ihrem Alltag bekannt ist, können sie die Übungen ohne Probleme selbstständig bearbeiten und eigene Schwerpunkte setzen.

Welche Kompetenzen werden weiterentwickelt?

Nach dem Prinzip „Ich – Du – Wir" entwickeln und erweitern die Schüler folgende Kompetenzen:

Hör- und Hör-Sehverstehen
Die Schüler
- verstehen Einzelinformationen in Gesprächen (Umfrage, Informationslücken).

Lesen
Die Schüler
- verstehen einfache, wiederkehrende Arbeitsanweisungen,
- verstehen die deutschen Begriffe in einem Kreuzworträtsel,
- erfassen mithilfe von Bildern die Bedeutung deutscher Begriffe.

Sprechen
Die Schüler
- stellen ihren Mitschülern einfache vorgegebene Fragen in einer Umfrage,
- tauschen sich mit einem Partner bei der Aufgabe „Ich als Tier" aus.

Schreiben
Die Schüler
- beschreiben Tiere in kurzen Sätzen oder in Stichpunkten,
- halten die Antworten ihrer Mitschüler schriftlich fest.

Benötigtes Material

- Schere
- evtl. Zeitschriften
- Stifte, Edding
- evtl. Kleber

Methodische Hinweise

Die Kopiervorlagen können entweder von der Lehrkraft ausgewählt oder den Schülern als Wahl- oder Pflichtaufgaben zur Verfügung gestellt werden.

Alles über Haustiere (KV 14)
Die Schüler aktivieren mithilfe eines Buchstabengitters Sprachmaterial zum Thema Haustiere. Danach vergleichen sie mit einem Partner und dürfen ggf. ergänzen.

Was fressen Tiere gerne? (KV 15)
Die Schüler festigen ihren Wortschatz und stellen eine Verbindung zwischen Tieren und ihren Fressgewohnheiten her.
Danach schreiben die Schüler die deutschen Vokabeln zum Sachfeld „Tiere" und zum Sachfeld „Futter" auf.
Lösungen: Kuh-Gras, Maus-Käse, Katze-Thunfischdose, Kaninchen-Möhre, Hund-Knochen, Eichhörnchen-Nuss, Affe-Banane.

Welche Haustiere haben sie? (KV 16)
Dies ist eine Übung mit Informationslücken, bei der ein Schülerpaar zusammenarbeitet und Partner A andere Informationen hat als Partner B. Nun müssen sich die Schüler gegenseitig befragen, um die fehlenden Informationen herauszufinden. Diese werden dann schriftlich eingetragen.

Die Haustiere deiner Klassenkameraden (KV 17)
Die Schüler befragen ihre Klassenkameraden, welche Haustiere sie haben, und tragen die Anzahl der Tiere mit Strichen in die Tabelle ein. Hier könnte sich nach der Umfrage eine weitere Aufgabe ergeben, z.B. eine Gesamtauswertung, wie viele Klassenkameraden einen Hund, Katze, Hamster etc. haben. Fehlende Tiere aus der Tabelle können von den Schülern in einer weiteren Tabelle schriftlich festgehalten werden.
Bei der dritten Übung können die Schüler sich Klassenkameraden aussuchen und nähere Informationen zu deren Haustieren zusammentragen. Leistungsstärkere Schüler können mehr Mitschüler befragen und die Ergebnisse in ganzen Sätzen festhalten. Eine Auswertung kann mit einem Partner oder auch im Plenum erfolgen.

Ich als Tier (KV 18)
Bei dieser Übung überlegen die Schüler sich ein Tier als Alter Ego, stellen es bildlich dar und schreiben Informationen dazu auf. Anschließend tauschen sie sich mündlich mit ihrem Partner über ihr Tier aus.

Meine Mitschüler als Tiere (KV 19)
Mithilfe von Steckbriefen tauschen sich die Schüler über „ihre" Tiere aus und schreiben die Informationen stichpunktartig auf.

Methoden

- Partnergespräch
- Aufgabe mit Informationslücken
- eine Umfrage
- Ein Informationsblatt zu einem Tier als Alter Ego erstellen

✂- -

Sprachliche Mittel: *Meine Tiere*

Wortschatz
Katze, Hund, Kaninchen, Hamster, Wellensittich, Maus, Meerschweinchen, Pony, Kuh, Eichhörnchen, Affe, Futter, fressen, frisst, Gras, Käse, Thunfisch, Möhre, Knochen, Nuss, Banane, Lieblingsessen, Fantasietier, Tierart, Alter, Farbe, Geschlecht, Einhorn, Werwolf, Riesen-Spinne

Strukturen
- Hast du ein Haustier?
- Ja, habe ich / Nein, habe ich nicht.
- Was für ein Haustier hast du?
- Ich habe ein/eine …
- Es ist ein/eine …
- Welche Haustiere hat …?
- Er/Sie hat ein/eine …
- Das Tier frisst/mag …
- Die Farbe des Tieres ist …
- Wenn ich ein Tier sein könnte, wäre ich ein …

Name: _______________ Datum: _______________

Alles über Haustiere

1. Finde die Tiere im Buchstabengitter und kreise sie ein.

Katze • Hund • Kaninchen • Hamster • Wellensittich • Pony •
Maus • Meerschweinchen

Q	G	Y	H	U	K	A	K	K	A	T	Z	E	L	S
M	E	E	R	S	C	H	W	E	I	N	C	H	E	N
H	U	N	D	B	H	A	K	L	A	M	I	A	A	L
B	V	C	U	A	H	M	I	K	L	O	M	A	U	S
W	E	L	L	E	N	S	I	T	T	I	C	H	Q	D
Y	W	Q	R	T	Z	T	K	O	P	D	F	M	A	G
U	H	U	N	D	V	E	Z	P	O	N	Y	A	U	N
M	A	U	S	R	B	R	O	M	X	B	B	U	Q	G
D	K	A	N	I	N	C	H	E	N	R	J	S	Ö	X

2. Welche Tiere kommen zweimal vor? Schreibe sie auf.

____

3. Suche dir ein Tier heraus und schreibe oder male auf, was du darüber weißt.

4. Vergleiche mit deinem Partner.

Name: Datum:

Was fressen Tiere gerne?

1. Verbinde die Tiere mit ihrem Lieblingsfutter.

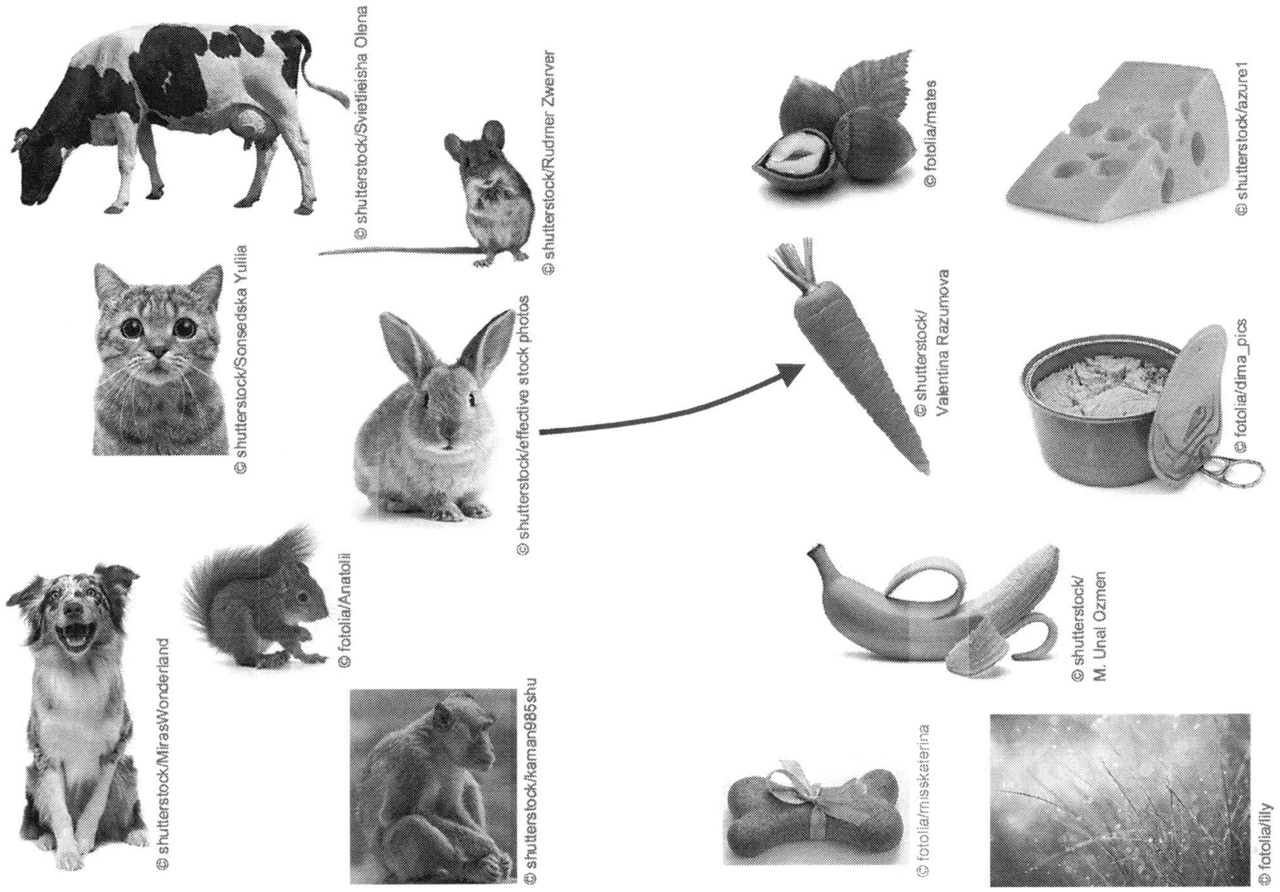

2. Schreibe die Wörter.

Tier	Futter

Name: Datum:

Welche Haustiere haben sie?

1. Arbeite mit einem Partner zusammen. Faltet oder schneidet euer Blatt in der Mitte durch. Einer von euch ist Partner A und der andere Partner B. Jeder hat andere Informationen. Fragt euch gegenseitig nach den fehlenden Informationen. Schreibt sie in die Lücken.

Partner A: Welches Tier hat Laura? – Partner B: Ein Pony.							
Laura	Evelyn	Djamila	Paul	Louis	Mira	Amir	Malte
	Hund			Meer-schwein-chen	zwei Katzen		Maus

✂ -

Name: Datum: **KV 16**

Welche Haustiere haben sie?

1. Arbeite mit einem Partner zusammen. Faltet oder schneidet euer Blatt in der Mitte durch. Einer von euch ist Partner A und der andere Partner B. Jeder hat andere Informationen. Fragt euch gegenseitig nach den fehlenden Informationen. Schreibt sie in die Lücken.

Partner B: Welches Tier hat Evelyn? – Partner A: Einen Hund.							
Laura	Evelyn	Djamila	Paul	Louis	Mira	Amir	Malte
Pony		Vogel	drei Hamster			Kanin-chen	

Name: ______________________ Datum: ______________

Die Haustiere deiner Klassenkameraden

1. Befrage deine Klassenkameraden zu ihren Haustieren. Mache für jedes genannte Haustier einen Strich in der Tabelle.

Hast du einen Hund? Wie heißt er?

Hund	Katze	Pony	Vogel	Hamster	Kaninchen	Maus

2. Welches Tier hat die meisten Striche? Erstelle eine Rangfolge.

1. ____________ 2. ____________ 3. ____________ 4. ____________

3. Suche dir drei Klassenkameraden mit drei Haustieren aus und frage nach dem Namen, dem Alter und der Farbe ihres Tieres. Trage die Informationen in die Tabelle ein.

Name des Mitschülers:			
Tier:			
Name des Tieres:			
Alter des Tieres:			
Farbe des Tieres:			
Weitere Informationen:			

4. Vergleiche mit deinem Partner.

* **Zusatzaufgabe:** Suche dir einen oder mehrere Klassenkameraden aus deiner Tabelle aus. Schreibe ganze Sätze auf.
Beispiel: *Tim hat ein Haustier. Es ist ein …*

Name: ______________________ Datum: ______________

Ich als Tier

1. Wenn du ein Tier sein könntest, welches Tier wärst du?
Es kann auch ein Fantasier-Tier sein (Einhorn, Werwolf, Riesen-Spinne).
Zeichne das Tier auf, oder schneide Fotos aus und klebe sie auf:

2. Welche Informationen kannst du über das Tier geben?

Name: ______________________

Tierart: ______________________

Alter: ______________________

Farbe: ______________________

Geschlecht: ______________________

Weitere Informationen: ______________________

____

3. Erzähle deinem Partner etwas über dein Tier.

Name: ______________________ Datum: ______________

Meine Mitschüler als Tiere

1. Frage vier Mitschüler, welches Tier sie gerne wären.
Schreibe die Informationen auf. Erzähle auch von deinem Tier.

Name des Mitschülers:

____

Tierart: ______________________

Alter: ______________________

Farbe: ______________________

Geschlecht: ______________________

Weitere Informationen: ______________________

____

____

Name des Mitschülers:

____

Tierart: ______________________

Alter: ______________________

Farbe: ______________________

Geschlecht: ______________________

Weitere Informationen: ______________________

____

____

Name des Mitschülers:

____

Tierart: ______________________

Alter: ______________________

Farbe: ______________________

Geschlecht: ______________________

Weitere Informationen: ______________________

____

____

Name des Mitschülers:

____

Tierart: ______________________

Alter: ______________________

Farbe: ______________________

Geschlecht: ______________________

Weitere Informationen: ______________________

____

____

4 Meine Freunde und Freizeitaktivitäten

Sachinformation

Das Thema ist für die Schüler besonders ansprechend, da die verschiedenen Aufgaben einen direkten Bezug zu ihrem Alltag aufweisen. Sie beschreiben einen Freund, erzählen etwas über ihre Freizeitaktivitäten und erfahren, wie ihre Klassenkameraden ihre Freizeit verbringen.

Welche Kompetenzen werden weiterentwickelt?

Nach dem Prinzip „Ich – Du – Wir" entwickeln und erweitern die Schüler folgende Kompetenzen:

Hör- und Hör-Sehverstehen
Die Schüler
- verstehen Einzelinformationen bei der Aufgabe mit Informationslücken und der Umfrage in der Klasse.

Lesen
Die Schüler
- verstehen einfache, wiederkehrende Arbeitsanweisungen.

Sprechen
Die Schüler
- stellen kurz mündlich einem Partner ihren Steckbrief vor,
- stellen ihren Mitschülern einfache Fragen in einer Umfrage,
- halten eine kurze Präsentation oder präsentieren ihre Mindmap mündlich.

Schreiben
Die Schüler
- beschreiben ihren Freund,
- schreiben Listen zu ihren Freizeitaktivitäten,
- notieren die Antworten aus einer Umfrage,
- erstellen eine Mindmap/schreiben Interviewantworten auf.

Benötigtes Material

- Stifte
- ggf. Tonpapier oder größeres Blatt für die Erstellung eines Posters

Methodische Hinweise

Die Kopiervorlagen können entweder von der Lehrkraft ausgewählt oder den Schülern als Wahl- oder Pflichtaufgaben zur Verfügung gestellt werden.

Mein bester Freund (KV 20)
Bei dieser Aufgabe beschreiben die Schüler den besten oder einen guten Freund. Je nach Leistungsstärke tragen sie Informationen in einem Steckbrief zusammen und notieren Stichwörter oder ganze Sätze. Anschließend präsentieren sie ihren Steckbrief kurz einem Partner.

Freizeitaktivitäten mit Freunden (KV 21)
Dies ist eine Übung mit Informationslücken, bei der die Schüler zu zweit arbeiten. Sie befragen ihren Partner nach den fehlenden Informationen und tragen diese ein.

Meine Freizeitaktivitäten (KV 22)
Die Schüler notieren kurz ihre Freizeitaktivitäten. Anschließend schreiben sie diese für jeden Wochentag auf. Als Alternative können sie die Aktivitäten auch aufmalen. Bei der Befragung ihrer Klassenkameraden zu ganz bestimmten Aktivitäten können sich auch noch weitere Aufgaben entwickeln. Die Klasse könnte beispielsweise eine allgemeine Umfrage zu den Freizeitaktivitäten in der Klasse durchführen und eine Top 5 der beliebtesten Freizeitaktivitäten der Klasse erstellen.

Meine Freizeitaktivitäten – Mindmap (KV 23)
Hier erstellen die Schüler eine Mindmap mit ihren Freizeitaktivitäten zu vier Oberthemen. Die Oberthemen können auch verändert werden. Es besteht die Möglichkeit, die Mindmap auf ein Poster zu übertragen und mit Bildern auszugestalten. Diese könnten dann im Plenum präsentiert, mit anderen verglichen und im Klassenraum aufgehängt werden.

Interview: Mein Mitschüler/Meine Mitschülerin (KV 24)
Bei der Aufgabe stellen die Schüler einen Klassenkameraden vor. Hier gibt es auch die Möglichkeit, jemanden vorzustellen, mit dem man nicht so viel zu tun hat. Die Schüler können sich bei den Interviewfragen an dem Beispiel orientieren oder sich eigene Fragen ausdenken. Für das Verfassen der schriftlichen Präsentation können sie sich gegenseitig helfen und die Texte eventuell zusammen erstellen.

Methoden

- Partnergespräch
- Informationslücken
- eine Umfrage
- eine Mindmap
- ein Interview

✂- -

Sprachliche Mittel: *Meine Freunde und Freizeitaktivitäten*

Wortschatz
Steckbrief, Hobbys, bester, beste, Freund, Freundin, Alter, lebt in, Lieblings-, Aktivität, Fußball, Spiel, Computerspiele, Buch, (zu-)hören, Musik, Fitnessstudio, Gitarre spielen, Fernseher, Freizeit, Freunde, Sport, fernschauen, lesen, shoppen gehen, lange schlafen, tanzen, skaten, Skateboard fahren, Essen, Musikstar, singen, TV-Serie, App, Montag, Dienstag, Mittwoch, Donnerstag, Freitag, Samstag, Sonntag

Strukturen
- Mein bester Freund / Meine beste Freundin heißt …
- Er ist ein Junge / Sie ist ein Mädchen.
- Seine/Ihre Lieblingsfarbe ist …
- Er/Sie ist … Jahre alt.
- Sein/Ihr Lieblingssport / Lieblingstier ist …
- Seine/Ihre Hobbys sind …
- Welche Aktivitäten macht …?
- Er/Sie spielt …
- Machst du …? Magst du …?
- Ja, mache ich. / Nein, mache ich nicht.
- Ich mag … / Ich mag … nicht.

Name: Datum:

Mein bester Freund

1. Wer ist dein guter oder bester Freund/Freundin?

Mein guter Freund/Meine gute Freundin heißt

____________________________.

2. Was weißt du über deinen Freund/deine Freundin?
Schreibe einen kurzen Steckbrief. Du darfst auch ganze Sätze schreiben.

Alter • lebt in • kommt aus • Hobbys • Lieblingsmusik • Lieblingssport

Mein bester Freund / Meine beste Freundin ____________________

3. Präsentiere deinen Steckbrief deinem Partner.

Name: ______________________ Datum: ______________________

Freizeitaktivitäten mit Freunden

Was machen Freunde zusammen?

1. Arbeite mit einem Partner zusammen. Faltet oder schneidet euer Blatt in der Mitte durch. Einer von euch ist Partner A, der andere Partner B. Jeder hat andere Informationen. Fragt euch gegenseitig und findet die fehlenden Informationen. Schreibt sie in die Lücken.

Partner A: Was macht Sophie? – Partner B: Sie geht shoppen.

Sophie	Said	Mia	Lily	Tom	Luis	Katja	Emre
	spielt Fußball			spielt Computerspiele	geht ins Fitnessstudio		hört Musik

KV 21

Name: ______________________ Datum: ______________________

Freizeitaktivitäten mit Freunden

Was machen Freunde zusammen?

1. Arbeite mit einem Partner zusammen. Faltet oder schneidet euer Blatt in der Mitte durch. Einer von euch ist Partner A, der andere Partner B. Jeder hat andere Informationen. Befragt euch gegenseitig und findet die fehlenden Informationen Schreibt sie in die Lücken.

Partner B: Was macht Said? – Partner A: Er spielt Fußball.

Sophie	Said	Mia	Lily	Tom	Luis	Katja	Emre
geht shoppen		fährt Skateboard	singt			spielt Gitarre	

Name: Datum:

Meine Freizeitaktivitäten

1. Schreibe mindestens drei deiner Freizeitaktivitäten auf.

2. Schreibe auf, was du an diesen Wochentagen unternimmst.

Tag:	Montag	Dienstag	Mittwoch	Donnerstag	Freitag	Samstag	Sonntag
Aktivitäten:							

3. Frage in deiner Klasse herum und finde Klassenkameraden, die folgende Hobbys haben. Schreibe die Namen auf.

Schaust du Fernsehen? Tanzt du gerne?

Ja, tu ich.

Nein, tu ich nicht.

Finde einen Klassenkameraden, der gerne … /
Finde eine Klassenkameradin, die gerne …

a) Fernsehen schaut

b) skatet

c) tanzt

d) Bücher liest

e) shoppen geht

f) singt

g) schläft

Name: Datum:

Meine Freizeitaktivitäten – Mindmap

1. Erstelle eine Mindmap zu deinen Freizeitaktivitäten.
Du kannst auch Fotos aufkleben oder die Mindmap auf ein Poster übertragen und es im Klassenraum aufhängen.

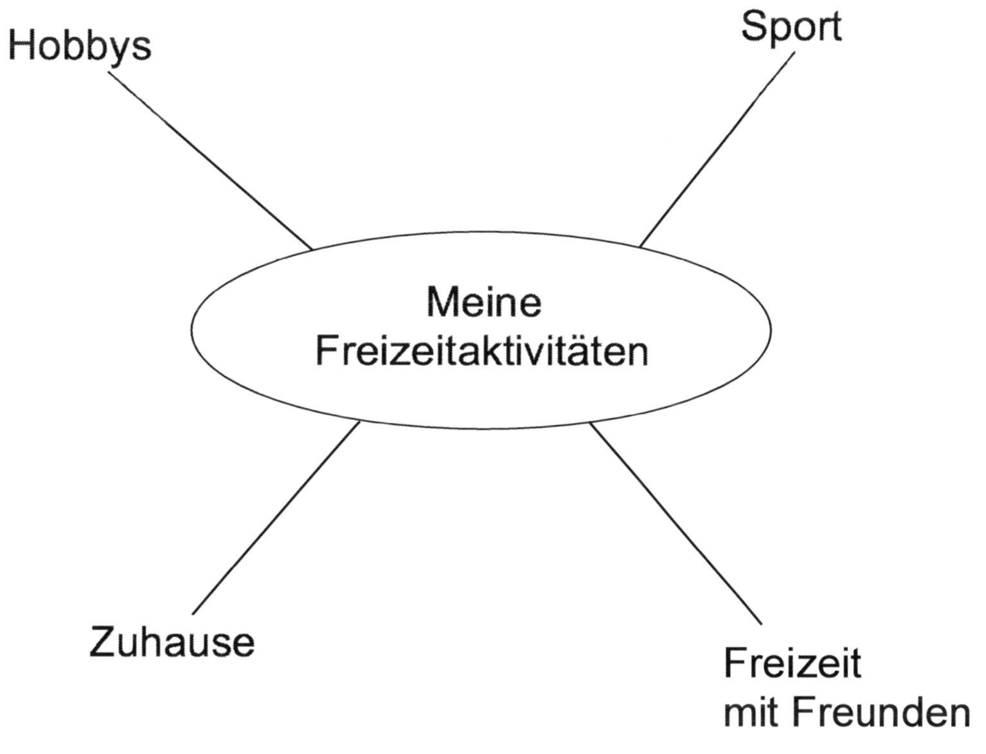

Name: Datum:

Interview: Mein Mitschüler / Meine Mitschülerin

1. Erstelle ein Interview wie im Beispiel und interviewe einen Klassenkameraden. Du kannst dir auch eigene Interviewfragen ausdenken.

Fragen:	Name des Mitschülers:
Was ist dein/e Lieblings-...	
...Freizeitaktivität?	
...TV-Serie?	
...Sport?	
...Musik/Musiker?	
...App?	
...Essen?	
Was magst du?	
Was magst du nicht?	

2. Schreibe aus den Interviewantworten einen kurzen Text oder mache dir Notizen und bereite einen Kurzvortrag vor. Übe den Kurzvortrag ein und präsentiere ihn vor der Klasse.

Kurzvortrag:

Ich erzähle euch etwas über meinen Mitschüler/meine Mitschülerin ...
Seine/Ihre Lieblings-Freizeitaktivitäten sind ...
Seine/Ihre Lieblingsmusik ist ... und sein/ihr Lieblingssport ist ...
Er/Sie mag ... Er/Sie mag nicht ...

5 Mein Körper

Sachinformation

Sich über den eigenen Körper und körperliche Besonderheiten ausdrücken zu können ist eine wichtige sprachliche Kompetenz für Jugendliche. Die Thematik spricht jeden Schüler mit seiner eigenen, ganz speziellen Wahrnehmung von sich selbst an.

Welche Kompetenzen werden weiterentwickelt?

Nach dem Prinzip „Ich – Du – Wir“ entwickeln und erweitern die Schüler folgende Kompetenzen:

Hör- und Hör-Sehverstehen
Die Schüler
- verstehen das Wesentliche in einfachen Gesprächen.

Lesen
Die Schüler
- lesen und verstehen einfache Arbeitsanweisungen.

Sprechen
Die Schüler
- beschreiben ihr Aussehen mündlich,
- präsentieren die Ergebnisse ihrer selbst gewählten Aufgabe mündlich.

Schreiben
Die Schüler
- beschriften ihr Bild mit den deutschen Begriffen,
- beschreiben sich in kurzen Sätzen bzw. Stichpunkten selbst.

Benötigtes Material

- Schere
- Stifte, Edding
- Kleber
- Poster/Blätter

Methodische Hinweise

Die Kopiervorlagen können entweder von der Lehrkraft ausgewählt oder den Schülern als Wahl- oder Pflichtaufgaben zur Verfügung gestellt werden.

Mein Gesicht (KV 25)
Hier zeichnen die Schüler ihr Gesicht und beschriften es. Dabei wiederholen sie den Wortschatz und ordnen ihn entsprechend zu. Zusätzlich beschreiben sie kurz ihre Augen- und Haarfarbe und können je nach Kenntnis- und Leistungsstand noch eigene Informationen hinzufügen. Ältere und leistungsstärkere Schüler können ganze Sätze schreiben, während andere nur Stichpunkte notieren.

Der Körper (KV 26)
Bei dieser Aufgabe wiederholen oder festigen die Schüler ihren Wortschatz zu Körperteilen, indem sie Bildern die richtigen Begriffe zuordnen.

Meine Mitschüler und ich (KV 27)
Die Schüler lesen Beschreibungen zum Aussehen und suchen Mitschüler, auf welche die Beschreibungen zutreffen. Dabei müssen sie sich sowohl nonverbal als auch verbal verständigen.

Fantasiefiguren und Körperteile (KV 28)
Die Schüler dürfen nun aus vier Aufgaben auswählen und sich entscheiden, in welcher Sozialform sie arbeiten. Die Lehrkraft sollte die Materialien wie Poster, Blätter, Eddings etc. zur Verfügung stellen.

Methoden

- Ordne die Bilder den Wörtern zu
- Hör zu und male an
- Partnerarbeit (hör zu und zeichne)
- Aufgabe: Erstelle ein Poster/kleines Buch/eine Collage, ein Lied/Spiel oder eine Umfrage in der Klasse

✂- -

Sprachliche Mittel: *Mein Körper*

Wortschatz
Gesicht, Kinn, Haare, Augen, Nase, Ohr, Mund, Aussehen, Haarfarbe, Augenfarbe, grün, grau, blau, braun, schwarz, blond, rot, Körperteile, Arme, Hände, Füße, kurz, lang, länger, klein, groß, gleich, Finger, Zeh, Zähne, Knie, Bein, Kopf, Schulter, Lied, Rap, Spiel

Strukturen
- Meine Augen sind …
- Meine Haarfarbe ist …
- Ich habe lange Arme …
- Ich bin groß …
- Ich habe lange/kurze Haare …

Name: _______________________________ Datum: _______________

Mein Gesicht

1. Beschrifte das Gesicht mit den deutschen Begriffen: *Kinn, Haar, Augen, Nase, Ohr, Mund.*

2. Ergänze die Sätze.

Meine Augenfarbe ist _______________________________.

Meine Haarfarbe ist _______________________________.

3. Schreibe noch mehr über dich.

Arme • Hände • Füße • Haare • kurz • lang • groß • klein

____

____

____

4. Erzähle deinem Partner etwas über dich und dein Aussehen.

Der Körper

1. Verbinde das Bild mit dem richtigen Wort.

	Bein
	Kopf
	Arm
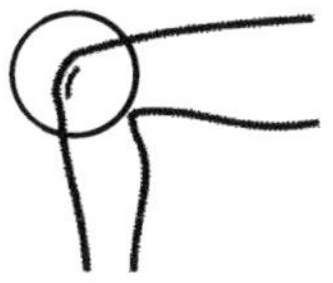	Schulter
	Hand
	Fuß
	Knie
	Finger
	Zehen

Name: Datum:

Meine Mitschüler und ich

1. Gehe in deiner Klasse herum und sprich mit deinen Mitschülern.
Finde Mitschüler, die zu den Aussagen passen. Trage den Namen ein.

Name	**Aussage**
	… hat längere Haare als ich.
	… hat braune Haare.
	… hat braune Augen.
	… hat die gleiche Schuhgröße wie ich.
	… hat grüne Augen.
	… ist größer als ich.
	… hat längere Arme als ich.

Name: Datum:

Fantasiefiguren und Körperteile

1. Arbeite allein oder mit einem Partner. Wähle eine Aufgabe aus.

2. Stell dein Ergebnis der Klasse vor.

Aufgabe 1: Denke dir eine Figur aus (ein Fantasiewesen). Stelle die Figur dar (auf einem Poster, einer Collage etc.) und beschrifte die Körperteile.

Aufgabe 2: Schreibe ein Lied, einen Rap oder ein Spiel. Nenne dabei die Körperteile auf Deutsch.

Beispiele:
Zeig deinen rechten Fuß.
Schüttle deine linke Hand.
Dreh dich um und schließ die Augen.

Alle mit blauen Augen setzen sich hin.
Alle mit braunen Augen tauschen den Platz mit allen, die braune Haare haben.
...

Aufgabe 3: Erstelle ein Körper-Bingo/Körper-Memory mit Körperteilen.

	Hand

	Fuß

Aufgabe 4: Frage deine Klassenkameraden: Wie viele Schüler haben blaue, braune, grüne oder graue Augen? Und wie viele Schüler haben schwarze, braune, blonde oder rote Haare?

Augenfarbe:	blau	braun	grün	grau
Anzahl:				

Haarfarbe:	schwarz	braun	blond	rot
Anzahl:				

6 Meine Klasse

Sachinformation

Das Thema *Meine Klasse* setzt sich mit der aktuellen Situation der Schüler in der Schule auseinander. Die Schüler können sich aus ihrer unmittelbaren alltäglichen Umgebung heraus mit den Aufgaben befassen. Dabei stellen sie ihren Klassenraum als Grundriss dar, benennen ihre Lieblingsfächer und befragen ihre Klassenkameraden zu ihren Lieblingsfächern.

Welche Kompetenzen werden weiterentwickelt?

Nach dem Prinzip „Ich – Du – Wir“ entwickeln und erweitern die Schüler folgende Kompetenzen:

Hör- und Hör-Sehverstehen
Die Schüler
- verstehen das Wesentliche aus einfachen Gesprächen (Umfrage zu den Fächern ihrer Klassenkameraden).

Lesen
Die Schüler
- erfassen mithilfe von Bildern die Bedeutung von deutschen Wörtern,
- lesen und verstehen einfache Arbeitsanweisungen.

Sprechen
Die Schüler
- benennen ihre Lieblingsfächer mündlich,
- befragen ihre Klassenkameraden mündlich zu ihren Lieblingsfächern,
- bilden einfache Frage- und Antwortsätze mit einem Partner,
- präsentieren ihrem Partner ihren Traumstundenplan/ihr Traummenü.

Schreiben
Die Schüler
- beschriften ihren Grundriss vom Klassenraum,
- notieren ihre Lieblingsfächer schriftlich.

Benötigtes Material

- Schere
- Kleber
- Stifte

Methodische Hinweise

Die Kopiervorlagen können entweder von der Lehrkraft ausgewählt oder den Schülern als Wahl- oder Pflichtaufgaben zur Verfügung gestellt werden.

Mein Klassenraum (KV 29)
Bei dieser Aufgabe zeichnen die Schüler ihren Klassenraum und setzen bestimmte Akzente, z. B. welche Möbel sie aufzeichnen, ob sie ihre Klassenkameraden in das Bild integrieren etc. Danach beschriften sie ihren Grundriss und vergleichen ihn mit dem eines Partners. Für weitere Gesprächsanlässe könnten die Zeichnungen als Grundlage dienen.

Meine Schulfächer (KV 30)
Die Schüler schreiben mindestens ein Fach pro Tag auf. An dieser Stelle gäbe es auch die Möglichkeit, einen kompletten Stundenplan auf Deutsch anzufertigen. Als Nächstes nennen die Schüler ihre Lieblingsfächer und befragen ihre Klassenkameraden dazu. Die Ergebnisse halten sie durch Striche fest. Beim Auszählen der Striche erstellen die Schüler eine TOP 5 der meistgenannten Fächer. Die Listen könnten im Plenum verglichen werden.

Mein Traumstundenplan und Traummenü (KV 31)
Die Schüler überlegen sich einen Traumstundenplan und ein Traummenü für ihre Kantine und tragen beides ein. Anschließend präsentieren sie ihr Ergebnis einem Partner. Leistungsstärkere Schüler könnten versuchen, ihre Auswahl zu begründen.

In einer Schultasche (KV 32)
Die Schüler wiederholen ihren Wortschatz zu Arbeitsmaterialien, indem sie die Bilder mit den passenden Begriffen verbinden.

Was gibt es in ...? (KV 33)
Mit dieser Aufgabe wird der Wortschatz rund um das Klassenzimmer und Arbeitsmaterialien aktiv abgerufen. Die Schüler sollen Dinge in ihrer Schultasche und in ihrem Klassenraum benennen, die Begriffe aufschreiben und sich im Anschluss mit ihrem Partner darüber austauschen. Im Idealfall wird durch geweckte Neugierde auch neuer Wortschatz erlernt.

Was ist in deiner Schultasche? (KV 34)
Bei dieser Aufgabe wird der zuvor schriftlich erfasste Wortschatz zur Schultasche kommunikativ mit einem Partner eingesetzt, indem die Schüler einen kurzen Frage- und Antwortdialog entwickeln. Sie fragen sich gegenseitig nach Gegenständen in ihrer Tasche und zeigen sich diese. Durch diese Übung trainieren sie das freie Sprechen und festigen den Wortschatz. Bei der anschließenden Gruppenarbeit vertiefen sie den Wortschatz zum Thema. Beim Befragen in der Übung *Finde jemanden, der ...* könnten die Schüler noch eigene Ideen äußern und vielleicht selbst Aufgaben entwickeln.

Methoden

- Umfrage zu Lieblingsfächern
- Bildern Wörter zuordnen
- Partnergespräch
- Dialog über die Schultasche deines Partners
- ein Spiel spielen
- Finde jemanden, der...

Sprachliche Mittel: *Meine Klasse*

Wortschatz
Grundriss, Klassenraum, Tafel, Tisch, Stuhl, Fenster, Schrank, Wochentag, Montag, Dienstag, Mittwoch, Donnerstag, Freitag, (Schul-)Fach, Lieblings-, Mathe, Deutsch, Englisch, Sport, Kunst, Musik, Religion, Traum, Stundenplan, Kantine, Menü, Schultasche, Radiergummi, Buch, Lineal, Füller, Übungsheft, Schere, Bleistift, Mappe, Kleber, Federmappe, Anspitzer, rot, gelb, Apfel

Strukturen
- Was ist dein Lieblingsfach?
- Mein Lieblingsfach ist...
- Meine Lieblingsfächer sind ...
- Ich habe in meiner Schultasche ...
- Im Klassenraum gibt es ...
- Was ist in deiner Schultasche?
- Was ist das?
- Das ist ein/eine ...

Name: ______________________ Datum: ______________________

Mein Klassenraum

1. Male einen Grundriss von deinem Klassenraum.

2. Beschrifte deinen Grundriss mit den deutschen Wörtern: *Tafel, Tisch, Stuhl, Fenster, Schrank, …*

3. Vergleiche mit einem Partner.

Name: ______________________ Datum: ______________________

Meine Schulfächer

1. Schreibe mindestens ein Fach auf, welches du an dem Wochentag hast:

Tag:	Montag	Dienstag	Mittwoch	Donnerstag	Freitag
Fach:					

2. Was ist dein Lieblingsfach? Oder hast du mehrere? Schreibe auf.

Mein Lieblingsfach ist: ______________________

Meine Lieblingsfächer sind: ______________________

____

3. Frage deine Klassenkameraden nach ihren Lieblingsfächern. Trage mit Strichen die Anzahl ein.

Was ist dein Lieblingsfach?

Englisch	Mathe	Deutsch	Sport	Kunst	Musik	Religion

Weitere Fächer: ______________________

4. Zähle die Striche aus und erstelle eine TOP 5 der beliebtesten Fächer in deiner Klasse.

5. Präsentiere deine Ergebnisse einer Gruppe oder der Klasse.

Name: Datum:

Mein Traumstundenplan und Traummenü

1. Wie sieht dein Traumstundenplan aus? Trage die Fächer ein.

Mein Traumstundenplan:

Zeit	Montag	Dienstag	Mittwoch	Donnerstag	Freitag

2. Welches Essen gibt es in deiner Traumkantine? Schreibe einen Menüplan:

Mein Traummenü:

Montag	Dienstag	Mittwoch	Donnerstag	Freitag

3. Präsentiere deinem Partner deinen Traumstundenplan und dein Traummenü.

Name: ______________________ Datum: ______________________

In einer Schultasche

1. Verbinde das Foto mit dem richtigen Wort.

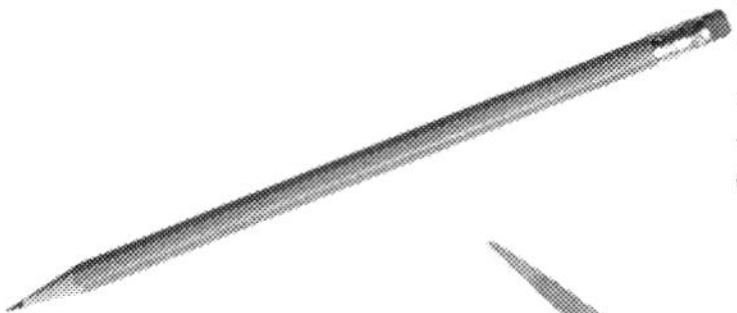
© shutterstock/ Vitaly Zorkin

© shutterstock/ Vadym Zaitsev

© shutterstock/ Petr Malyshev

© shutterstock/Bildagentur Zoonar GmbH

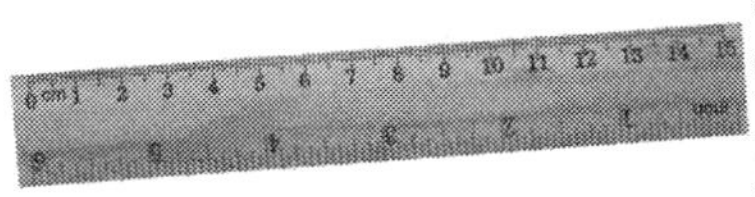
© shutterstock/ScofieldZa

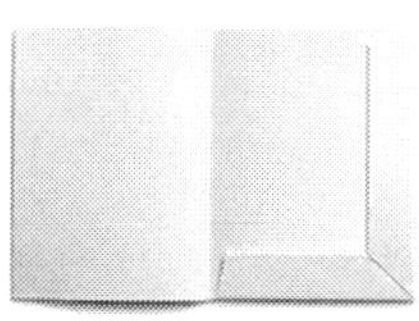
© shutterstock/Gruffi

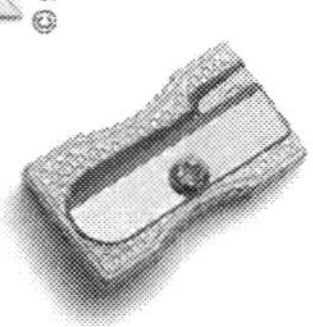
© shutterstock/Mega Pixel

© shutterstock/ Bjoern Wylezich

© shutterstock/fuzzzle

© shutterstock/ IB Photography

Schulbuch
Radiergummi
Lineal
Bleistift
Übungsheft
Schere
Stift
Mappe
Federmappe
Anspitzer

Name: Datum:

Was gibt es in ...?

1. Schau in deine Schultasche und schreibe auf, was du dort findest.

In meiner Schultasche gibt es:

- ______ • ______
- ______ • ______
- ______ • ______
- ______ • ______

2. Schau dich in deinem Klassenraum um. Was siehst du?
Schreibe alle deutschen Wörter auf, die du schon kannst.

In meinem Klassenraum gibt es:

- ______ • ______
- ______ • ______
- ______ • ______
- ______ • ______
- ______ • ______
- ______ • ______

3. Erzähle einem Partner, was du in deinem Klassenraum siehst.

Name: ____________________ Datum: ____________________

Was ist in deiner Schultasche?

1. Erzähle deinem Partner, was sich in deiner Schultasche befindet.
Führt einen Dialog.

> Ich habe in meiner Schultasche …
> Was ist in deiner Schultasche?

2. Arbeitet in einer Gruppe zusammen und spielt ein Spiel: Jeder zeigt der Reihe nach einen Gegenstand aus seiner Tasche. Die anderen sagen, um was für einen Gegenstand es sich handelt.

S 1: Schaut mal, was ich habe (zeigt ein Buch). Was ist das?
S 2 und 3: Das ist ein Buch.

3. Finde jemanden in deiner Klasse, der diese Dinge in der Schultasche hat.
Schreibe den Namen auf:

a) zwei Scheren: ____________________

b) drei Bleistifte: ____________________

c) einen roten Stift: ____________________

d) einen Anspitzer: ____________________

e) zwei Radiergummis in der Federmappe: ____________________

f) eine gelbe Mappe: ____________________

g) einen Apfel: ____________________

7 Was ich mag

Sachinformation

Bei der Aufgabenstellung *Was ich mag* können die Schüler ihre eigenen Vorlieben und Interessen in Bezug auf Kleidung, Freizeitgestaltung, Essen und Trinken darlegen. Aus dieser Aufgabenstellung heraus können sie eigene Schwerpunkte setzen und ihre persönlichen Vorlieben in den Vordergrund stellen. Dabei wird der Wortschatz aus vorigen Kapiteln wiederholt und eingesetzt.

Welche Kompetenzen werden weiterentwickelt?

Nach dem Prinzip „Ich – Du – Wir" entwickeln und erweitern die Schüler folgende Kompetenzen:

Hör- und Hör-Sehverstehen
Die Schüler
- verstehen Einzelinformationen aus einer Umfrage.

Lesen
Die Schüler
- lesen und verstehen einfache Arbeitsanweisungen,
- erfassen mithilfe von Bildern die Bedeutung deutscher Begriffe.

Sprechen
Die Schüler
- stellen ihren Mitschülern in einer Umfrage einfache vorgegebene Fragen,
- führen mit Hilfsmitteln (vorgegebene Sätze) einen kurzen Dialog und üben diesen ein.

Schreiben
Die Schüler
- halten die Antworten ihrer Mitschüler schriftlich fest,
- beschreiben ihr Lieblingsessen und -getränk,
- beschriften Sprechblasen,
- schreiben Listen.

Benötigtes Material

- Schere
- Stifte, Edding
- Kleber

Methodische Hinweise

Die Kopiervorlagen können entweder von der Lehrkraft ausgewählt oder den Schülern als Wahl- oder Pflichtaufgaben zur Verfügung gestellt werden.

Was ich mag (KV 35)
Hier vervollständigen die Schüler die vorgegebenen Sätze in den Sprechblasen und drücken ihre Vorlieben aus. Zusätzlich erstellen sie drei eigene Sprechblasen mit Sätzen zu ihren Lieblingsdingen.

Meine Lieblingsdinge: Top 5 (KV 36)
Bei dieser Aufgabe stellen die Schüler eine Liste mit ihren Lieblingsdingen zusammen. Anschließend versuchen sie, Klassenkameraden zu finden, die die gleichen Dinge in ihrer Liste aufgeführt haben. Hier sollte die Lehrkraft bei der Fragestellung Hilfe leisten. Gemeinsamkeiten werden in eine Liste eingetragen und könnten im Plenum ausgewertet werden. Daraus könnte eine TOP 5 der Klasse entstehen.
Leistungsstärkere Schüler haben bei der Zusatzaufgabe die Möglichkeit, ganze Sätze zu formulieren.

Die Lieblingsdinge deiner Mitschüler (KV 37)
Die Schüler befragen ihre Klassenkameraden mithilfe von vorformulierten Fragen. Die Antworten tragen sie in die Tabelle ein. In der zweiten Aufgabe bearbeiten die Schüler die Aufgabe *Finde jemanden, dessen …*

Mein Lieblingsessen und -getränk 1 und 2 (KV 38 und KV 39)
Bei dieser Übung schneiden die Schüler die Kärtchen aus und kleben sie unter die passenden Wörter in der Tabelle. In der zweiten Aufgabe nennen sie ihr Lieblingsessen und -getränk.

Was ist dein Lieblingsessen? – Ein Dialog (KV 40)
Bei dieser Aufgabe schneiden die Schüler den Dialog zunächst aus und legen die Abschnitte in die richtige Reihenfolge. Dabei können sie auch Sätze weglassen oder eventuell eigene hinzufügen. Als Nächstes sprechen sie den Dialog mit einem Partner und üben ihn gemeinsam ein. Beim Einüben bietet es sich an, die Schüler darauf hinzuweisen, entsprechende Mimik und Gestik zu benutzen, um den Dialog besser zu verinnerlichen.

Methoden

- Umfrage zu den Vorlieben der Mitschüler
- Finde jemanden, der …
- Partnergespräch
- Dialog über das Lieblingsessen

Sprachliche Mittel: *Was ich mag*

Wortschatz

Lieblings-, Ding, Sprechblase, Vorliebe, Farbe, (Schul-)Fach, Sport, Lied, Musik, Rap, Tier, Film, Hobby, Fußballmannschaft, Kleidung, grün, Hamster, Basketball, lesen, Buch, Tag, Star, Elefant, Kunst, Apfel, Ski fahren, Getränk, Essen, Tee, Auto, Pizza, Pommes, Hamburger, Hühnchen, Cola, Fisch, Suppe, Saft, Wasser, Limonade, Eis, Bonbons, Brot, Milch, Käse, Spaghetti, Kaffee

Strukturen

- Was ist dein Lieblings…?
- Mein Lieblingssport ist …
- Was sind deine Lieblingsdinge?
- Meine Lieblingsdinge sind …
- Ich mag das, weil …
- Ist deine Lieblingsfarbe grün?
- Ja, ist es. / Nein, ist es nicht.
- Mein Lieblingsessen/-getränk ist …
- Gibt es Dinge, die du nicht magst?
- Ich mag … / Ich mag … nicht / Ich mag kein/e…

Name: Datum:

Was ich mag

1. Schreibe deine Lieblingsdinge in die Sprechblasen. Denke dir noch drei eigene Sprechblasen aus.

Meine Lieblingsfarbe ist ______

Mein Lieblingssport ist ______

Mein Lieblingslied ist ______

Mein Lieblingstier ist ______

Mein Lieblingshobby ist ______

Mein Lieblingsfilm ist ______

Mein Lieblingsfach ist ______

Meine Lieblings-fußballmannschaft ist ______

2. Erzähle einem Partner von deinen Vorlieben.

Name: ______________________ Datum: ______________

Meine Lieblingsdinge: Top 5

1. Erstelle eine Top 5-Liste der Dinge, die du am liebsten magst.

Top 5 meiner Lieblingsdinge:

1. ______________________
2. ______________________
3. ______________________
4. ______________________
5. ______________________

2. Finde Klassenkameraden, die die gleichen Lieblingsdinge haben wie du.
Schreibe sie auf.

Was sind deine Lieblingsdinge?
Was ist auf deiner Top 5-Liste?

Name:							
Gleiche Lieblings-dinge:							

* **Zusatzaufgabe:** Suche dir eins deiner Lieblingsdinge aus.
Schreibe auf, warum du es so gern magst.
Beispiel: *Ich mag …, weil … / Es ist eines meiner Lieblingsdinge, weil …*

Name: Datum:

Die Lieblingsdinge deiner Mitschüler

1. Frage deine Klassenkameraden und schreibe ihre Antworten in die Tabelle.

Was ist dein/deine Lieblings…?
Mein Lieblings… ist …

Name:							
Lieblings-film?							
Lieblings-lied?							
Lieblings-musik?							
Lieblings-sport?							
Lieblings-fach?							
Lieblings-tag?							

2. Finde jemanden in deiner Klasse, der diese Lieblingsdinge hat und schreibe seinen Namen auf.

Ist deine Lieblingsfarbe grün?
Ist … dein Lieblings…?
Ja, ist es. / Nein, ist es nicht.

Finde jemanden, dessen Lieblings…

a) -tag Montag ist: ____________

b) -musik Rap ist: ____________

c) -sport Basketball ist: ____________

d) -fach Kunst ist: ____________

e) -essen Pizza ist: ____________

f) -hobby Lesen ist: ____________

g) -getränk Limonade ist: ____________

h) -film „Star Wars“ ist: ____________

Name: Datum:

Mein Lieblingsessen und -getränk (1)

1. Schneide die Kärtchen aus. Klebe die passenden Bilder in die Tabelle (KV 39).

Name: ______________________ Datum: ______________________

Mein Lieblingsessen und -getränk (2)

Essen:

Fisch	Käse	Bonbon	Pizza	Brot	Apfel

Pommes	Hamburger	Eis	Spaghetti	Suppe	Hühnchen

Getränke:

Wasser	Saft	Milch	Tee	Kaffee	Limonade

1. Schreibe dein Lieblingsessen und dein Lieblingsgetränk auf.

Mein Lieblingsessen ist ______________________.

Mein Lieblingsgetränk ist ______________________.

2. Gibt es in der Tabelle oben ein Essen oder ein Getränk, welches du nicht magst? Dann schreibe es auf.

Ich mag kein/e ______________ *und kein/e* ______________.

Name: ______________________________ Datum: ______________

Was ist dein Lieblingsessen? – Ein Dialog

1. Arbeite mit einem Partner zusammen. Schneidet den Dialog aus und legt die Abschnitte in die passende Reihenfolge. Ihr braucht nicht alle Sätze benutzen. Ihr könnt auch noch weitere Sätze schreiben.

Mein Lieblingsessen ist ______________.	**Und deins?**
Mein Lieblingsgetränk ist ______________.	**Was ist dein Lieblingsgetränk?**
Hallo.	**Ich mag auch ______________.**
Tschüss.	**Mein Lieblingsessen ist ______________.**
Was ist dein Lieblingsessen?	

2. Tragt euer Lieblingsessen und -getränk ein und führt ein Gespräch.

3. Übt den Dialog ein.

8 Mein Urlaub

Sachinformation

Über (Traum-)Urlaube und Reisen zu sprechen kann besonders motivierend sein. Viele Schüler sind in den Ferien bereits irgendwo hingefahren oder haben etwas Besonderes unternommen. Von diesen Ereignissen können sie erzählen und sogar einen eigenen Urlaub planen.

Welche Kompetenzen werden weiterentwickelt?

Nach dem Prinzip „Ich – Du – Wir“ entwickeln und erweitern die Schüler folgende Kompetenzen:

Hör- und Hör-Sehverstehen
Die Schüler
- verstehen das Wesentliche in einfachen Gesprächen.

Lesen
Die Schüler
- verstehen einfache wiederkehrende Arbeitsanweisungen,
- verstehen deutsche Begriffe,
- verstehen einen kurzen Text über Ferien.

Sprechen
Die Schüler
- führen einfache Gespräche über ihre Postkarte und ihren Urlaub,
- verständigen sich in einfacher Form,
- halten einen Kurzvortrag zu ihrem Flyer.

Schreiben
Die Schüler
- beschriften ihre Postkarte mit deutschen Begriffen und kurzen einfachen Sätzen,
- beschreiben, was sie in den Urlaub mitnehmen wollen,
- vervollständigen vorgegebene Sätze und Listen,
- beschreiben in kurzen, einfachen Sätzen ihre Urlaubsplanung.

Benötigtes Material

- Schere
- Zeitschriften
- Stifte
- Kleber
- ggf. Tonpapier für die Flyer

Methodische Hinweise

Die Kopiervorlagen können entweder von der Lehrkraft ausgewählt oder den Schülern als Wahl- oder Pflichtaufgaben zur Verfügung gestellt werden.

Postkarte aus dem Urlaub (KV 41)
Zunächst überlegen die Schüler, welches Urlaubserlebnis sie als Postkarte festhalten wollen. Je nach Leistungsstand ordnen sie den Bildern auf ihrer Postkarte passende Vokabeln zu oder schreiben bereits einige Sätze. Im Partnergespräch besprechen sie ihre Bilder und ergänzen gemeinsam Vokabeln.

Was ich im Urlaub machen kann (KV 42)
Hier lernen die Schüler den Wortschatz zum Thema kennen oder wiederholen ihn. Sie ordnen die deutschen Begriffe den Bildern zu und besprechen diese mit ihrem Partner.

Dinge, die ich in den Urlaub mitnehmen kann (KV 43)
Anhand der Bilder können die Schüler die Wörter in dem Buchstabengitter suchen und einkreisen. Zwei Wörter sind nicht vorhanden. Darüber hinaus besteht die Möglichkeit, Wörter aus dem individuellen Wortschatz der Schüler zu ergänzen. Hier könnte sich eine weitere Aufgabe ergeben: Eine Umfrage in der Klasse nach fehlenden Informationen.

In meinen nächsten Urlaub möchte ich mitnehmen … (KV 44)
Bei dieser Aufgabe geht es darum, was die Schüler gern in ihren Urlaub mitnehmen. Zuerst überlegen sie, wohin sie fahren möchten, und erzählen dies ihrem Partner. Erst dann schreiben oder malen sie in den Koffer, was sie mitnehmen möchten. In der Gruppe oder mit dem Partner spielen sie im Anschluss das Spiel „Ich packe meinen Koffer“.

Transportmittel (KV 45)
Die Schüler aktivieren ihren Wortschatz zu Transportmitteln mithilfe von Bildern und halten anschließend stichpunktartig fest, welche Transportmittel sie für welches Ziel benutzen. Sie vergleichen ihre Ergebnisse mit ihrem Partner.

Aktivitäten in meinem Urlaub (KV 46)
Die Schüler sollen die Sätze vervollständigen. Dazu müssen sie überlegen, was man beispielsweise in der Stadt unternimmt. Manchmal sind hier mehrere Lösungen möglich.
Bei den Transportmitteln tragen die Schüler die Vokabeln ein, die sie bereits kennen. Fehlende Vokabeln oder Aktivitäten können sie in einer Umfrage erfragen und ergänzen.
Zuletzt sollen die Schüler nun je nach Leistungsstand mindestens einen Satz zu ihrem Urlaub verfassen. Dazu können sie sich an dem Beispiel orientieren.

Unser Traumurlaub: Flyer (KV 47)
Die Schüler sammeln zunächst geleitet durch die Fragen auf dem Arbeitsblatt Informationen zu ihrem gemeinsamen Traumurlaub. Im Anschluss erstellen sie einen Flyer dazu. Dieser könnte je nach Möglichkeit auch am Computer erstellt werden. Am Ende wird der Flyer den Klassenkameraden in einem Museumsrundgang präsentiert. Dazu werden von der Lehrkraft Gruppen gebildet (z. B. durch Ziehen von Nummernkärtchen). Jeweils ein Mitglied einer Arbeitsgruppe fungiert als Experte. Dieser Experte präsentiert an seinem Tisch seinen Flyer. In einem zweiten Schritt wandern alle Gruppen einen Tisch weiter, wo der Experte der nächsten Gruppe seinen Flyer vorstellt.

Methoden

- Partnergespräch
- Ein Spiel spielen
- Flyer über Traumurlaub (Gruppenarbeit/Museumsrundgang)

Sprachliche Mittel: *Mein Urlaub*

Wortschatz
Urlaub, Postkarte, Traumurlaub, Ferien, Transportmittel, Fahrrad, Bus, Flugzeug, Auto, Zug, Fahrradtour, Schiff, fotografieren, zelten, Strand, Berge, Bauernhof, Stadt, Safari-Tour, wandern, Badeanzug, Handy, Kamera, (Land-)karte, Buch, Handtuch, Ball, Sonnenhut, Sonnenmilch, Sonnenbrille, Mütze, Kopfhörer, Rucksack, Koffer, Sommerkleidung, schlafen, Zelt, Campingplatz, schwimmen, Meer, (mit)nehmen, Großeltern, Tante, Onkel, Freund, Freundin, Sport, Musikunterricht, Nachhilfeunterricht, Australien

Strukturen
- Im Urlaub …
- Im Urlaub gehe ich zelten/wandern/schwimmen.
- Wie kann man in den Urlaub fahren?
- Wie kommt man nach …?
- Ich kann da mit dem Bus/Schiff/Zug/Auto/Flugzeug/… hinkommen.
- Im Urlaub nehme ich den Bus/das Schiff/den Zug/das Auto …
- In meinen nächsten Urlaub möchte ich ein Handy/eine Landkarte/eine Mütze/… mitnehmen.
- Was möchtest du in deinen nächsten Urlaub mitnehmen?

Name: Datum:

Postkarte aus dem Urlaub

1. Erstelle eine Postkarte zu deinem letzten oder deinem schönsten Urlaub.

2. Finde so viele deutsche Begriffe wie möglich und schreibe sie in deine Postkarte. Vielleicht kannst du auch schon Sätze unter deine Postkarte schreiben.

Im Urlaub …

____

____

____

____

3. Sprich mit deinem Partner über deine Postkarte. Ihr könnt noch fehlende deutsche Begriffe ergänzen.

Name: ______________________________ Datum: ______________________ **KV 42**

Was ich im Urlaub machen kann

1. Schreibe die passenden deutschen Wörter unter die Bilder.

Fahrradtour • zelten • Strand • Berg • Stadt • fotografieren • Safari-Tour • wandern

© shutterstock/everst

© shutterstock/Valentin Valkov

© shutterstock/Michael Rieperdinger

© shutterstock/chuyuss

______________ ______________ ______________ ______________

© shutterstock/Galyna Andrushko

© shutterstock/Sergey Novikov

© shutterstock/ukayacan

© shutterstock/Anton Gvozdikov

______________ ______________ ______________ ______________

2. Vergleiche mit deinem Partner.

3. Wähle ein Bild aus, das dir gefällt. Erzähle deinem Partner etwas über die Aktivität oder den Ort.

Zum Beispiel: *Ich mag den Strand. Am Strand kann man schwimmen gehen. Am Strand ist es warm.*

Name: Datum:

Dinge, die ich in den Urlaub mitnehmen kann

1. Finde diese Wörter im Buchstabengitter.

T	A	U	C	H	E	R	B	R	I	L	L	E
U	L	Ö	B	D	K	E	B	U	C	H	N	I
H	A	N	D	Y	V	B	A	L	L	N	E	F
Ü	L	F	K	Z	W	T	A	G	H	F	C	N
Y	K	O	P	F	H	Ö	R	E	R	X	E	H
S	E	P	J	B	A	D	E	A	N	Z	U	G
K	W	R	Ä	V	U	K	L	D	E	R	H	U
P	N	R	S	O	N	N	E	N	H	U	T	I

2. Welche zwei Wörter stehen nicht im Buchstabengitter?

3. Welche Dinge kannst du noch in den Urlaub mitnehmen?
Schreibe oder male die Dinge auf.

4. Vergleiche mit deinem Partner.

Name: ______________________ Datum: ______________________

In meinen nächsten Urlaub möchte ich mitnehmen …

1. Was möchtest du in deinen nächsten Ferien gern machen? Schreibe es auf.

In meinen nächsten Ferien möchte ich ______________________.

2. Erzähle es deinem Partner.

3. Was packst du für den nächsten Urlaub in deinen Koffer?
Schreibe oder male es auf.

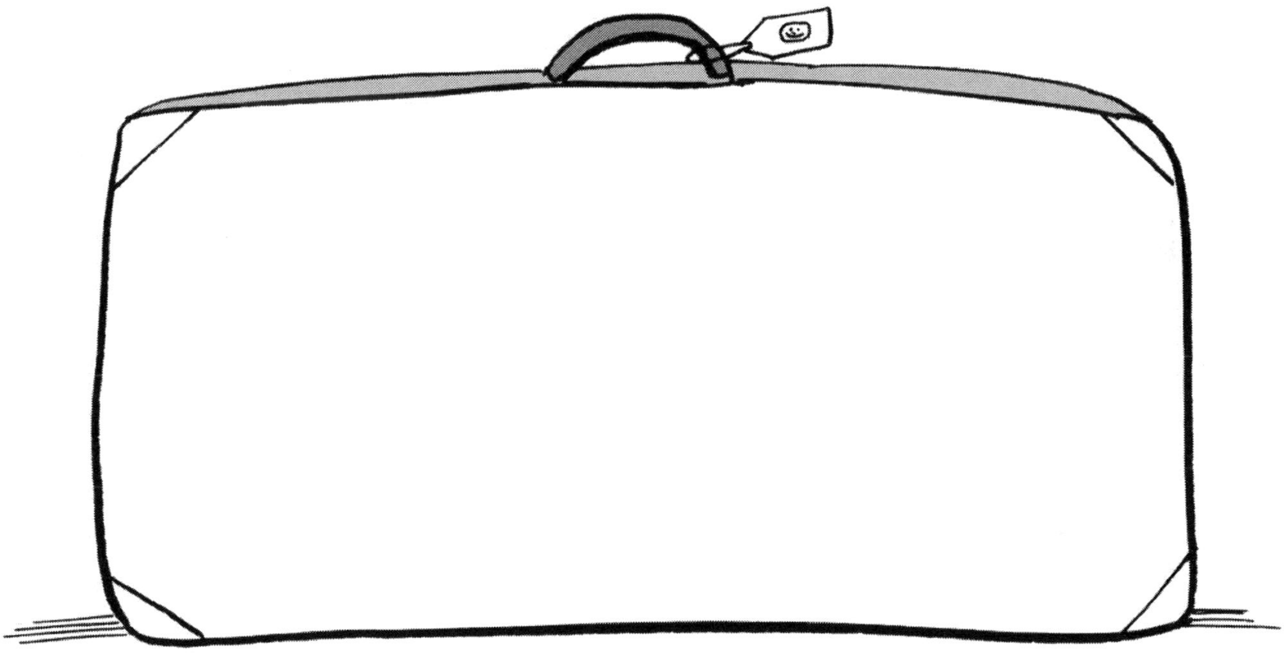

4. Spiele ein Spiel mit einem Partner oder in einer Gruppe. Einer von euch beginnt und erzählt, was er in den nächsten Urlaub mitnehmen möchte. Der Nächste wiederholt das Gesagte und fügt etwas hinzu (Spiel „Ich packe meinen Koffer"):

S1: In den Urlaub möchte ich mitnehmen: eine Karte.

S2: In den Urlaub möchte ich mitnehmen: eine Karte und ein Fahrrad.

S3: In den Urlaub möchte ich mitnehmen: eine Karte, ein Fahrrad und mein Handy.

Illustration: Liliane Oser

Name: ______________________ Datum: ______________________

Transportmittel

1. Verbinde das Transportmittel mit dem passenden Begriff.

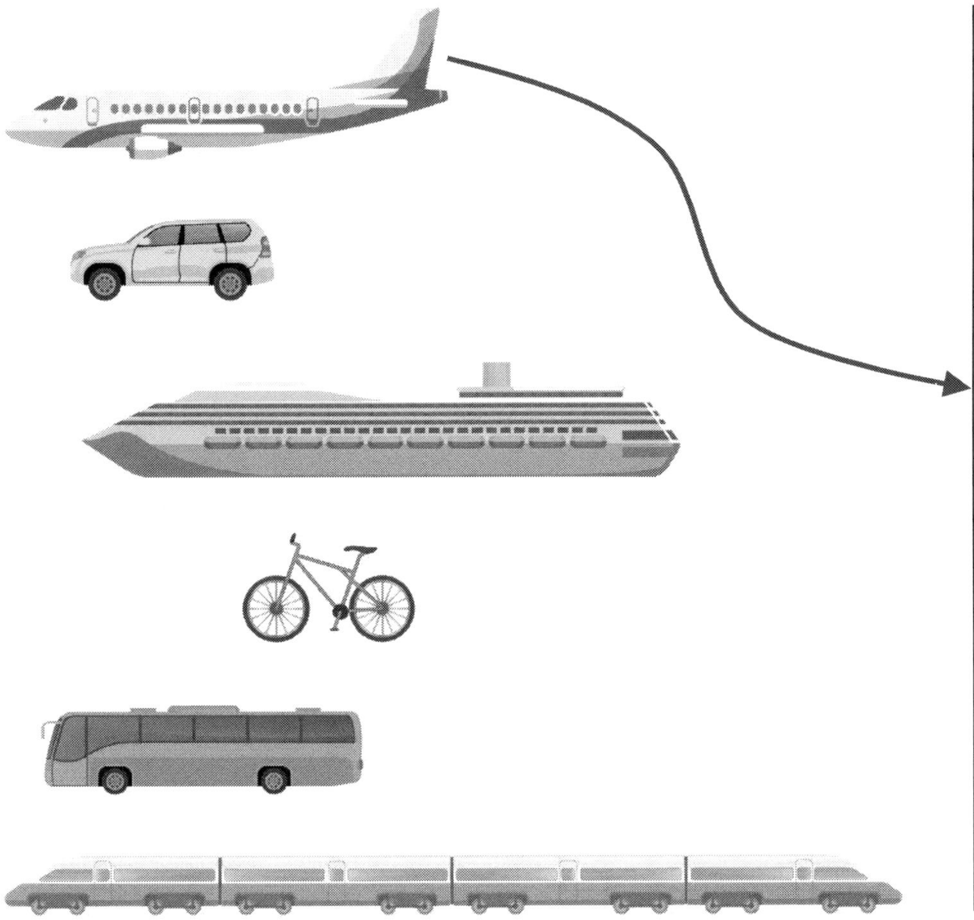

Schiff
Bahn
Flugzeug
Auto
Fahrrad
Bus

2. Welche Transportmittel benutzt du, um an diese Orte zu kommen? Schreibe auf:

Zur Schule: ______________________

Zu deinen Großeltern/Tante/Onkel: ______________________

Zu deinem guten Freund/Freundin: ______________________

Zum Sport/Musikunterricht/Nachhilfeunterricht: ______________________

In den Urlaub: ______________________

3. Vergleiche deine Ergebnisse mit deinem Partner.

Name: Datum:

Aktivitäten in meinem Urlaub

1. Vervollständige die Sätze.

Im Meer gehe ich ______________________.

In der Stadt gehe ich ______________________.

Auf dem Campingplatz gehe ich ______________________.

In den Bergen gehe ich ______________________.

Auf einer Safari-Tour sehe ich ______________________.

2. Mit welchen Transportmitteln kommst du an dein Ferienziel? Trage ein.

Wenn dir Informationen fehlen, frage deinen Partner oder deine Klassenkameraden.

Transport-mittel				

3. Was möchtest du in deinen Ferien machen? Was nimmst du mit? Schreibe einen oder mehrere Sätze. Du kannst dazu auch ein Bild auf einem Extrablatt malen.

Beispiel:
In meinen Ferien möchte ich zelten gehen in Australien. Ich mache das zusammen mit meinen Eltern. Wir fliegen erst mit dem Flugzeug und fahren dann mit dem Bus. Ich nehme mein Buch mit, meine Sonnenbrille, meine Sommerkleidung und meinen Rucksack. Ich schlafe in einem Zelt und gehe im Meer schwimmen.

In meinen Ferien ______________________

____

____

______________________.

Name: Datum:

Unser Traumurlaub: Flyer

1. Arbeitet in der Gruppe und plant einen tollen Traumurlaub.
Beantwortet die Fragen unten.

Unser Traumurlaub

Wohin fahren wir? ______________________

Wie kommen wir dorthin? ______________________

____

Was nehmen wir mit? ______________________

____

Wen nehmen wir mit? ______________________

____

Was machen wir dort? ______________________

____

____

____

____

2. Erstellt mit den Informationen einen Flyer über eure Ferien.
Ihr könnt dazu etwas malen, aus Zeitschriften aufkleben oder basteln.

3. Präsentiert euren Flyer in einem Museumsrundgang.

9 Meine Gefühle

Sachinformation

Mithilfe der Aufgaben zur Thematik *Meine Gefühle* denken die Schüler über ihre eigenen Gefühlslagen nach und lernen, darüber Auskunft zu geben. Gleichzeitig beschreiben sie die Gefühle anderer.

Welche Kompetenzen werden weiterentwickelt?

Nach dem Prinzip „Ich – Du – Wir" entwickeln und erweitern die Schüler folgende Kompetenzen:

Hör- und Hör-Sehverstehen
Die Schüler
- verstehen Einzelinformationen aus Gesprächen (Umfrage, Dialoge),
- verstehen wesentliche Informationen in Dialogen und im pantomimischen Rollenspiel.

Lesen
Die Schüler
- verstehen einfache wiederkehrende Arbeitsanweisungen,
- erfassen mithilfe von Bildern die Bedeutung deutscher Begriffe.

Sprechen
Die Schüler
- führen mit Hilfsmitteln (vorgegebenen Sätzen) einen Dialog (Rollenspiel) und üben diesen ein.

Schreiben
Die Schüler
- beantworten einfache Fragen zu ihrer Gefühlslage,
- vervollständigen vorgegebene Sätze,
- halten die Antworten ihrer Mitschüler schriftlich fest.

Benötigtes Material

- Schere
- Stifte, Edding
- Kleber
- Poster/Blätter

Methodische Hinweise

Die Kopiervorlagen können entweder von der Lehrkraft ausgewählt oder den Schülern als Wahl- oder Pflichtaufgaben zur Verfügung gestellt werden.

Gefühle (KV 48)
Bei dieser Aufgabe verbinden die Schüler deutsche Adjektive mit den passenden Emoticons. Dabei können sie auch weitere Gefühle als Bild darstellen und zusätzliche deutsche Begriffe zuordnen. Beim anschließenden Austausch mit dem Partner bietet es sich an, fehlende Gefühle zu ergänzen.

Meine Gefühle (KV 49)
Nun geht es darum, die eigenen Gefühle in unterschiedlichen Situationen zu beschreiben. Falls die Schüler hier noch nichts schreiben können, dürfen sie die Gefühle auch aufmalen. Beim Stimmungsbarometer können sie ihre Gefühlslage auch bildlich darstellen. Die Ergebnisse könnten im Plenum besprochen werden und einen Anstoß für weitere Gespräche bilden.

Die Gefühle meiner Mitschüler (KV 50) und Emoticons als Feedback (KV 51)
Hier befragen die Schüler ihre Klassenkameraden zu ihren Gefühlen. Leistungsstärkere Schüler haben die Möglichkeit, in ganzen Sätzen zu antworten. Beim anschließenden Dialog können die Schüler selbst entscheiden, ob sie die Hilfen nutzen und welche Länge ihr Dialog haben soll. Schüler, die schnell fertig sind, haben mehr Zeit, ihr Rollenspiel einzuüben, sodass sie es möglichst frei sprechen und Mimik und Gestik einsetzen können.
Die Rollenspiele können vor einer Gruppe oder dem Plenum präsentiert werden. Die anderen Schüler bewerten diese dann mit Emoticons.

Spiel: Gefühle (KV 52)
Bei diesem Spiel schneiden die Schüler die Sätze mit den Gefühlen aus und legen sie umgedreht auf einen Stapel. Nun zieht ein Schüler einen Satz und liest ihn leise, ohne dass ihn die anderen Schüler sehen können. Als Nächstes versucht das Kind, das Gefühl pantomimisch darzustellen, und die anderen Schüler raten, um welches Gefühl es sich handelt.
Hier können die Schüler sich auch noch andere Gefühle ausdenken und aufschreiben/aufmalen.

Aufgaben: Gefühle (KV 53)
Die Schüler können aus zwei Aufgaben auswählen oder sich eine eigene ausdenken. Bei der Aufgabe 1 entwickeln sie selbst Interviewfragen für ihre Klassenkameraden und erstellen ein Stimmungsbarometer der durchschnittlichen Befindlichkeit in der Klasse.
Bei der Aufgabe 2 bereiten die Schüler eine Diashow oder ein Poster mit verschiedenen Gesichtern vor, auf denen man die Gefühlslagen erkennt. Die Gestaltung ist ihnen freigestellt. Bei der Präsentation können die Klassenkameraden erraten, um welche Gefühle es sich handelt. Wenn die Schüler eigene Ideen zum Thema haben, können sie eine eigene „gute" Aufgabe entwickeln.

Methoden

- Umfrage zu den Gefühlen meiner Mitschüler
- Ein Rollenspiel
- Feedback
- Ein Spiel spielen
- Aufgabe 1: Interview
- Aufgabe 2: Eine Diashow erstellen
- Aufgabe 3: Erfinde deine eigene Aufgabe

✂- -

Sprachliche Mittel: *Meine Gefühle*

Wortschatz
Gefühl, Emoticon, fröhlich, traurig, hungrig, lustig, wütend, verliebt, müde, okay, krank, ängstlich, schlecht, nicht so gut, gut, Smiley, Wochenende, Schule, Sommer, Barometer, pantomimisch

Strukturen
- Wie geht es dir?
- Mir geht es gut / nicht so gut.
- Ich bin …
- Ich bin hungrig / Ich bin traurig.
- Danke.
- Bist du traurig?
- Nein, bin ich nicht. / Ja, bin ich.
- Bist du …?

Name: Datum:

Gefühle

1. Verbinde die Emoticons mit den passenden Gefühlen.
Vielleicht fallen dir noch andere Gefühle ein.

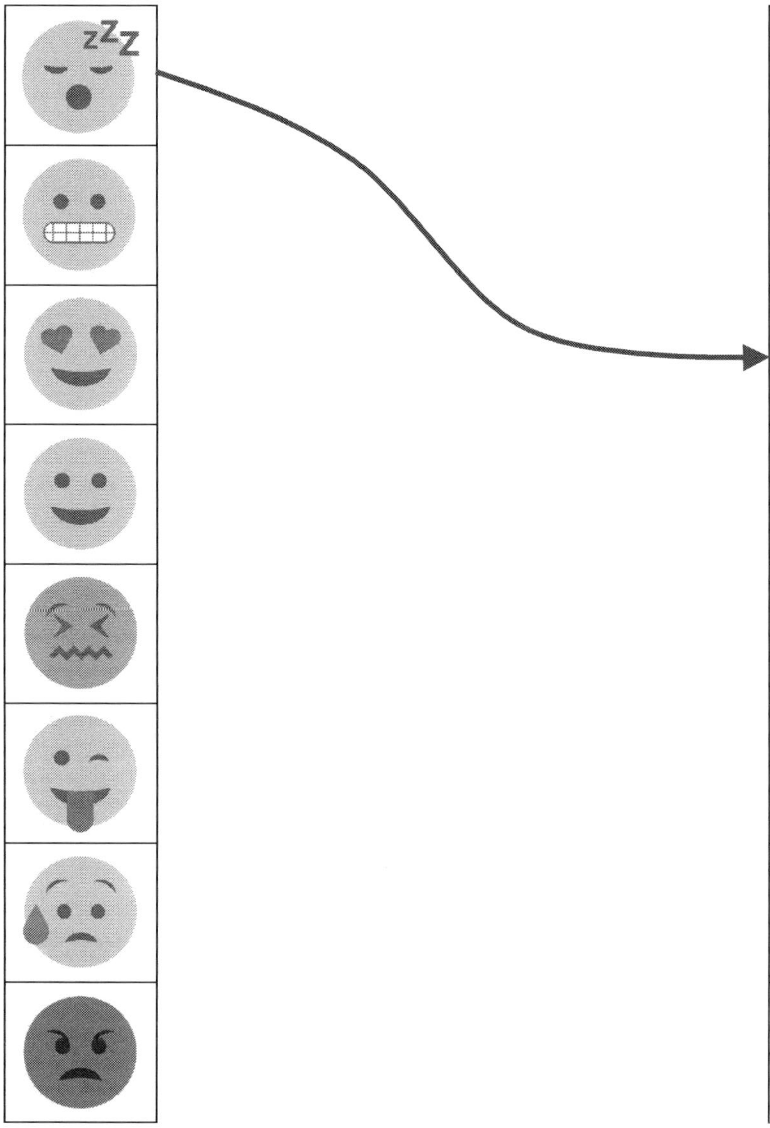

- fröhlich
- traurig
- müde
- krank
- lustig
- ängstlich
- wütend
- verliebt

2. Vergleiche mit einem Partner.

Name: ______________________ Datum: ______________________

Meine Gefühle

1. Schreibe auf, wie du dich fühlst. Male ein Emoticon, wenn du das Wort nicht weißt.

Wie geht es dir? Mir geht es ______________________.

Wie geht es dir am Wochenende? ______________________.

Wie geht es dir in der Schule? ______________________.

Wie geht es dir, wenn du krank bist? ______________________.

Wie geht es dir, wenn Sommer ist? ______________________.

2. Vervollständige die Sätze. Schreibe auf, wann du dich gut fühlst oder traurig bist. Wenn du die Wörter nicht weißt, darfst du dazu malen.

Mir geht es gut, wenn ich ______________________.

Ich bin traurig, wenn ich ______________________.

3. Wie fühlst du dich jetzt? Male das Barometer an.

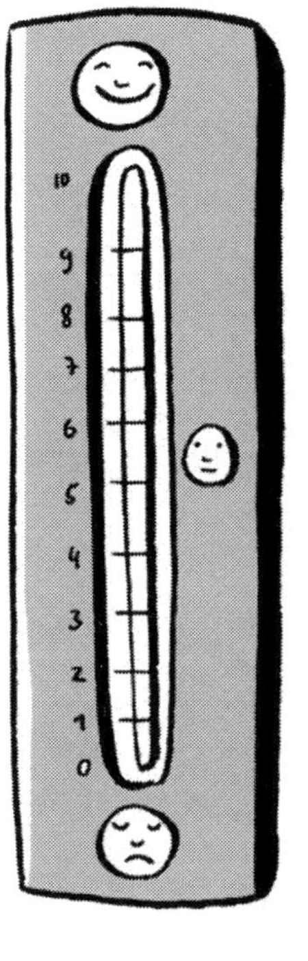

Illustration: Liliane Oser

Name: ______________________ Datum: ______________________

Die Gefühle meiner Mitschüler

1. Frage deinen Partner, wie es ihm geht.

Mein Partner ist ______________________.

Wie geht es dir?
Mir geht es …
Bist du …?
Ja/Nein, ich bin …

2. Frage drei Klassenkameraden, wie sie sich heute fühlen.
Schreibe die Antworten in die Tabelle.

Name:			
Wie geht es dir heute?			

3. Mache ein Rollenspiel mit deinem Partner. Überlegt euch einen Dialog zum Thema *Gefühle* und übt ihn ein. Ihr könnt die Hilfen benutzen oder euch etwas ausdenken.

Hilfen:

Wie geht es dir?	Danke.	Ich bin hungrig.	Mir geht es gut und dir?
Tschüss.	Bist du traurig?	Hallo.	Nein, bin ich nicht. / Ja, bin ich.

1. Du: ______________________

2. Dein Partner: ______________________

3. Du: ______________________

4. Dein Partner: ______________________

4. Präsentiert euer Rollenspiel vor einer Gruppe oder eurer Klasse.
Die Zuschauer bewerten das Rollenspiel mit Emoticons (KV 51).

Name: ______________________ Datum: ______________

Emoticons als Feedback

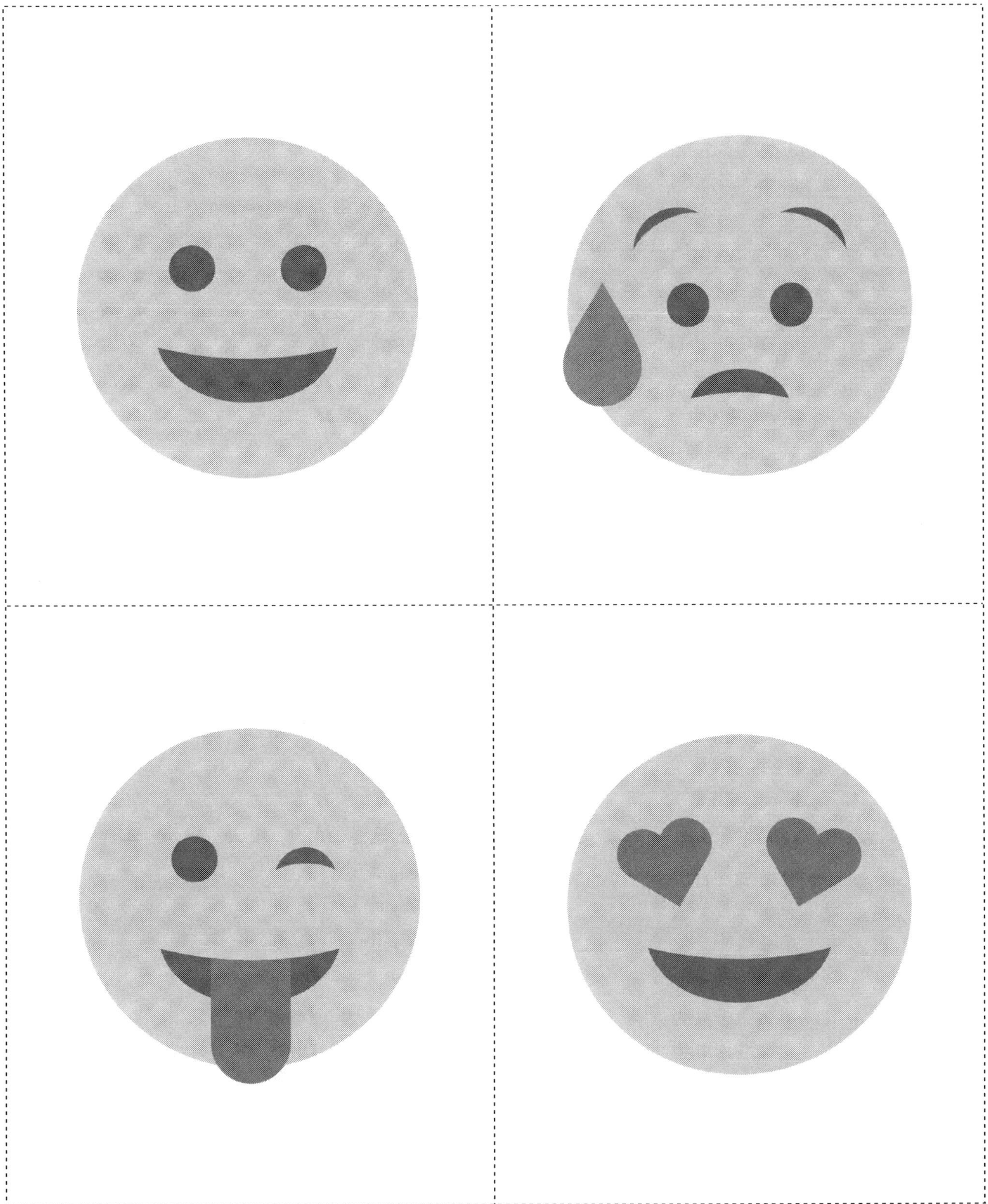

Name: Datum:

Spiel: Gefühle

1. Schneidet die Sätze aus und spielt ein Spiel mit einem Partner oder einer Gruppe. Jeder zieht einen Satz und stellt das Gefühl pantomimisch dar. Dabei wird nicht gesprochen. Der andere oder die anderen müssen erraten, welches Gefühl gemeint ist.

Ich bin traurig.

Ich bin fröhlich.

Ich bin lustig.

Ich bin müde.

Ich bin krank.

Ich bin verliebt.

Ich bin ängstlich.

Ich bin wütend.

* **Zusatzaufgabe:** Wenn euch noch weitere Gefühle einfallen und ihr die deutschen Begriffe dazu wisst, könnt ihr sie auf die Kärtchen schreiben und dazu malen.

Grafiken: © shutterstock/flower travelin' man

Name: Datum:

Aufgaben: Gefühle

1. Arbeite allein oder mit einem Partner und wähle eine Aufgabe aus.

2. Stelle dein Ergebnis der Klasse vor.

Aufgabe 1: Interviewe deine Klassenkameraden und stelle die Stimmungen in einem Stimmungsbarometer auf einem Poster dar.

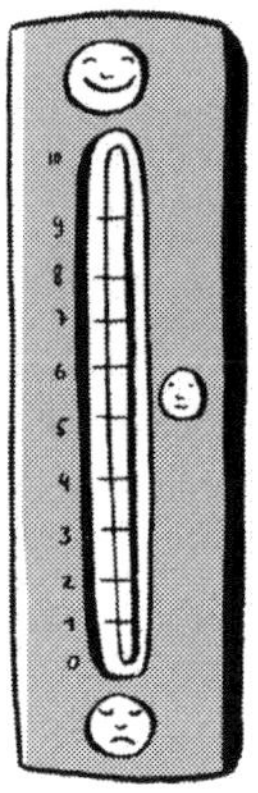

Aufgabe 2: Erstelle ein Poster oder eine Diashow mit verschiedenen Gefühlen.

Aufgabe 3: Vielleicht habt ihr eigene Ideen für eine Aufgabe zum Thema *Meine Gefühle*. Dann besprecht diese mit eurer Lehrkraft und erstellt eine eigene Aufgabe.

Illustration: Liliane Oser

10 Meine Wünsche und Träume

Sachinformation

Schüler haben häufig eine rege Fantasie und verarbeiten das Geschehen in ihrer Umwelt auf ihre eigene Weise. Im Themenbereich *Wünsche und Träume* bekommen sie Gelegenheit, das in den anderen Themenbereichen eher real abgehandelte Sprachmaterial noch einmal auf andere Weise zu bearbeiten. Der Wortschatz der anderen Themenbereiche wird dabei wiederholt.

Welche Kompetenzen werden weiterentwickelt?

Nach dem Prinzip „Ich – Du – Wir" entwickeln und erweitern die Schüler folgende Kompetenzen:

Hör- und Hör-Sehverstehen
Die Schüler
- hören und verstehen Aussagen und Beschreibungen ihrer Mitschüler.

Lesen
Die Schüler
- lesen und verstehen einfache Aussagen und Fragen.

Sprechen
Die Schüler
- benennen Gegenstände,
- befragen ihre Mitschüler,
- nennen ihre Geburtstagswünsche,
- präsentieren ihre Traumwelt mündlich.

Schreiben
Die Schüler
- schreiben Gegenstände auf,
- beantworten schriftlich einfache Fragen zu ihrem Traumberuf/ihrer Traumwohnung,
- notieren Personen und Sachen für eine Fantasiereise.

Benötigtes Material

- Schere
- Stifte, Edding
- Kleber
- Poster/Blätter

Methodische Hinweise

Die Kopiervorlagen können entweder von der Lehrkraft ausgewählt oder den Schülern als Wahl- oder Pflichtaufgaben zur Verfügung gestellt werden.

Mein Traumberuf (KV 54)
Die Schüler notieren ihren Traumberuf und einige Informationen dazu. Dabei verstehen sie einfache Beschreibungen und kreuzen passend an. Daraufhin tauschen sie sich kurz mit ihrem Partner aus. Zuletzt können die Schüler eine Collage zu ihrem Traumberuf erstellen.

Mein Traumhaus/meine Traumwohnung (KV 55)
Die Schüler zeichnen ihr Traumhaus/ihre Traumwohnung oder erstellen eine Collage und schreiben passende Begriffe auf. Sie beantworten auch einfache Fragen kurz schriftlich. Anschließend beschreiben sie das Haus/die Wohnung einem Partner.

Mein Traumwochenende (KV 56)
Hier steht das Leseverstehen im Vordergrund. Die Schüler kreuzen vorgegebene Aussagen zu ihrem Traumwochenende an.

Meine Fantasiereise (KV 57)
Die Schüler schreiben auf, was und wen sie auf ihre Fantasiereise mitnehmen würden. Danach erzählen sie einem Partner von ihrer Traumreise.

Meine Geburtstagswünsche (KV 58)
Die Schüler äußern sich mündlich und schriftlich zu ihren Geburtstagswünschen. Bei der zweiten Aufgabe befragen sie ihre Klassenkameraden zu ihren Geburtstagswünschen und tragen diese in die Tabelle ein. Danach können sie der Klasse von den Wünschen ihrer Mitschüler erzählen.

Meine Traumwelt (KV 59)
In der Aufgabe werden die zuvor geübten Einzelaspekte noch einmal zusammengefasst (Traumwelt).

Bonus-Aufgabe: Memory (KV 60)
Schnelle Schüler können zum Schluss noch ein Memory spielen, das einige gelernte Begriffe beinhaltet. Im Anschluss können sie ihr eigenes Memory erstellen.

Methoden

- Male und schreibe
- Hör zu und zeichne
- Lies und kreuze an
- Frag deinen Partner
- Aufgabe: Erstelle ein Poster und präsentiere es

Sprachliche Mittel: *Meine Wünsche und Träume*

Wortschatz
Traum, Beruf, arbeiten, Hände, Kopf, kreativ, praktisch, Menschen, alleine, Tiere, singen, tanzen, schauspielern, Musik machen, reisen, Computer, berühmt, Familie, Traumhaus, Traumwohnung, Zimmer, Stadt, Land, Wochenende, schlafen, frühstücken, Frühstück, Wetter, Nachmittag, abends, Einkaufszentrum, Freizeitpark, Fantasie, Reise, Freunde, Personen, Essen, Getränke, Kleidung, Haustiere, fahren, fliegen, Geburtstag, Geburtstagswunsch, Traumwelt, Schule, Auto, Hobbys, Ferien

Strukturen
- Mein Traumberuf ist …
- Bei meinem Traumberuf arbeite ich mit …
- Mein Traumhaus hat …
- In meinem Traumurlaub fahre ich nach …
- Was wünschst du dir zum Geburtstag?
- Zum Geburtstag wünsche ich mir …

Name: ______________________ Datum: ______________

Meine Traumberuf

1. Was ist dein Traumberuf?

Mein Traumberuf ist ______________________.

2. Wann beginnt dein Traumberuf?
Zeichne die Uhrzeit ein.

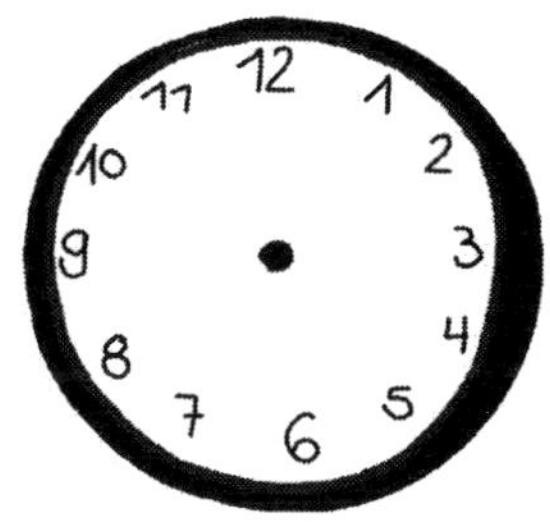

Mein Traumberuf beginnt um ______________________.

3. Was machst du in deinem Traumberuf?
Kreuze an und schreibe weitere Sätze auf.

☐ Ich arbeite mit den Händen.	☐ Ich arbeite mit dem Kopf.	☐ Ich bin kreativ.
☐ Ich bin praktisch.	☐ Ich spreche viel mit Menschen.	☐ Ich arbeite alleine.
☐ Ich arbeite mit Tieren.	☐ Ich singe/tanze/schau-spielere/mache Musik.	☐ Ich reise viel.
☐ Ich arbeite viel am Computer.	☐ Ich werde berühmt.	☐ Ich habe viel Zeit für meine Familie.
☐ ______	☐ ______	☐ ______

4. Frage deinen Partner nach seinem Traumberuf. Frage deinen Partner auch, was er in seinem Traumberuf macht. Erzähle von deinem Traumberuf.

Der Traumberuf meines Partners ist ______________________.

5. Suche Fotos, die deinen Traumberuf beschreiben. Du kannst im Internet oder in Zeitschriften suchen. Erstelle eine Collage mit den Fotos auf einem extra Blatt.

Illustration: Liliane Oser

Name: Datum:

Mein Traumhaus/Meine Traumwohnung

1. Male dein Traumhaus/deine Traumwohnung.
Du kannst auch Bilder ausschneiden und aufkleben.

2. Schreibe die deutschen Begriffe auf, die du schon kennst.

3. Beantworte die Fragen zu deinem Traumhaus/deiner Traumwohnung:

Wie viele Zimmer gibt es?

Wer wohnt mit dir dort?

Wo liegt das Haus/die Wohnung (in der Stadt, auf dem Land, ...)?

4. Was ist das Besondere an deinem Haus?

5. Beschreibe deinem Partner dein Traumhaus/ deine Traumwohnung.

Mein Traumhaus ist ...

Name: ______________________________ Datum: ______________________________

Mein Traumwochenende

1. Kreuze an, was du an deinem Traumwochenende machen würdest.

Ich schlafe bis … ☐ 6 ☐ 7 ☐ 8 ☐ 9 ☐ 10 ☐ 11 ☐ 12 Uhr
☐ länger als 12 Uhr

Ich frühstücke … ☐ im Bett ☐ in meinem Zimmer ☐ in der Küche
☐ im Garten ☐ im Auto ☐ ____________

Ich esse ein großes Frühstück mit … ☐ Milch ☐ Cornflakes ☐ Orangensaft
☐ Brot ☐ Butter ☐ Marmelade
☐ Honig ☐ Eiern ☐ ____________

© shutterstock/ bioraven

Nach dem Frühstück gehe ich … ☐ in mein Zimmer ☐ zu Freunden
☐ zum Sport ☐ nach draußen
☐ ins Schwimmbad ☐ an den Strand
☐ in die Innenstadt

An meinem Traumwochenende ist das Wetter … ☐ sonnig ☐ regnerisch
☐ windig ☐ warm ☐ kalt

Am Nachmittag bin ich … ☐ bei meinen Freunden ☐ in meinem Zimmer
☐ im Park ☐ am Meer
☐ im Einkaufszentrum ☐ im Freizeitpark
☐ ____________ ☐ ____________

Abends … ☐ schlafe ich ☐ bin ich im Kino
☐ gehe ich tanzen ☐ höre ich Musik
☐ treffe ich Freunde ☐ schreibe ich mit Freunden
☐ bin ich im Internet ☐ lese ich ein Buch
☐ ____________ ☐ ____________

© shutterstock/zcreamz11

2. Erzähle deinem Partner von deinem Traumwochenende.

Name: ______________________ Datum: ______________

Meine Fantasiereise

1. Was und wen würdest du auf eine Fantasiereise mitnehmen? Schreibe es auf.

Freunde: ____________________

____

Andere Personen: ____________________

____

Essen und Getränke: ____________________

____

Kleidung: ____________________

____

Haustiere: ____________________

____

Andere Dinge: ____________________

____

2. Wohin würdest du fahren/fliegen?

____

3. Was würdest du machen? Schreibe oder zeichne auf ein Extrablatt.

4. Erzähle deinem Partner von deiner Fantasiereise.

Name: Datum:

Meine Geburtstagswünsche

1. Was wünschst du dir zum Geburtstag? Zeichne oder schreibe auf.

2. Frage deine Klassenkameraden nach ihren Geburtstagswünschen.
Trage sie in die Liste ein.
Frage: *Was wünschst du dir zum Geburtstag?*

Name:					
Wünsche:					

3. Erzähle deiner Klasse von diesen Wünschen.

Name: Datum:

Meine Traumwelt

1. Gestalte ein Poster von deiner Traumwelt (Traumschule, -haus, -auto, -hobbys, -ferien). Klebe Fotos oder Bilder auf und zeichne. Beschrifte so viele Gegenstände wie möglich auf Deutsch.

2. Präsentiere dein Poster der Klasse und sprich darüber.

Beispiele: *In meiner Traumschule gibt es ein Fitnessstudio und ein Kino …*
Mein Traumhaus hat vier Pools zum Schwimmen …
Mein Traumauto ist rot und sehr groß. Es kann schnell fahren …
In meinen Traumferien fahre ich mit Justin Bieber nach Paris …

Name: Datum:

Bonus-Aufgabe: Memory

Zum Schluss könnt ihr noch ein Memory spielen.

1. Schneidet die Kärtchen aus und legt sie mit der Schrift nach unten auf den Tisch.

2. Dreht immer zwei Kärtchen um. Wer zwei Kärtchen findet, die zusammenpassen, darf sie behalten.

Kanin-	*-chen*	*Ham-*	*-ster*	*Fuß-*	*-ball*
Pull-	*-over*	*Schlaf-*	*-zimmer*	*Vo-*	*-gel*
Schul-	*-ter*	*Schul-*	*-tasche*	*oran-*	*-ge*
Ele-	*-fant*	*Spag-*	*-hetti*	*Han-*	*-dy*
Sonnen-	*-brille*	*hung-*	*-rig*	*fröh-*	*-lich*
Früh-	*-stück*	*Nachmit-*	*-tag*	*Groß-*	*-mutter*
Ho-	*-se*	*Kü-*	*-che*	*Mu-*	*-sik*
Shop-	*-ping*	*Lieb-*	*-lingstier*	*Schul-*	*-fach*

3. Macht euer eigenes Memory.

Name: Datum:

Selbsteinschätzungsbogen für Schülerinnen und Schüler

Wie schätzt du dich selbst ein?
Markiere alles in grün, was du auf Deutsch gut kannst.
Wenn du dich noch nicht sicher fühlst, markiere die Wolke gelb.

Ich kann sagen, was ich mag und was ich nicht mag.

Ich kann über meine Hobbys sprechen und schreiben.

Ich kann mein Traumhaus oder meine Traumwohnung beschreiben.

Ich kann Tiere und ihre Eigenschaften beschreiben.

Ich kann einen Klassenkameraden vorstellen.

Ich kann eine Person beschreiben.

Ich kann meinen Klassenraum und den Inhalt meiner Schultasche beschreiben.

Ich kann meine Gefühle beschreiben.

Ich kenne meinen Stundenplan.

Ich kann mein Lieblingsessen beschreiben.

Ich kann meinen Traumberuf beschreiben.

Ich kann meine Traumwelt beschreiben.

Name: Datum:

Evaluationsbogen für Lehrerinnen und Lehrer

Name des Schülers/der Schülerin: ______________________ Klasse: ____________

Die Schülerin/der Schüler kann …	gute bis sehr gute Kenntnisse (+/++)	befriedigende Kenntnisse (0)	hat noch Schwächen (–/– –)
sagen, was sie/er mag und nicht mag.			
über ihre/seine Hobbys sprechen und schreiben.			
ihr/sein Traumhaus oder Traumwohnung beschreiben.			
Tiere und ihre Eigenschaften beschreiben.			
einen Klassenkameraden vorstellen.			
eine Person beschreiben.			
den Klassenraum und den Inhalt ihrer/seiner Schultasche beschreiben.			
ihren/seinen Stundenplan vorstellen.			
ihr/sein Lieblingsessen beschreiben.			
ihre/seine Gefühle beschreiben.			
ihren/seinen Traumberuf beschreiben.			
ihre/seine Traumwelt beschreiben.			

Notizen